TEOVNILOGÍA

El origen del mal en el mundo

SALVADOR FREIXEDO

TEOVNILOGÍA

El origen del mal en el mundo

diversa

© 2014, Salvador Freixedo
© 2014, Diversa Ediciones
   Edipro, S.C.P.
   Carretera de Rocafort 113
   43427 Conesa
   diversa@diversaediciones.com
   www.diversaediciones.com

Primera edición: julio de 2014

ISBN: 978-84-942484-2-9
Depósito legal: T 832-2014

Diseño y maquetación: DONDESEA, servicios editoriales
Ilustraciones de portada: © DeoSum/Shutterstock
y © Robert Adrian Hillman/Shutterstock

Impreso en España – *Printed in Spain*

ÍNDICE

INTRODUCCIÓN

Amigo lector: lo que vas a leer puede que te haga cambiar radicalmente tu manera de enfocar la vida, pero también es muy posible que lo consideres un total dislate, fruto de una enorme credulidad o de una imaginación calenturienta, y termine en la papelera. Todo puede ser, y estás en tu perfecto derecho de juzgarlo de esta forma. Si es así, aprovecho para acompañarte en el sentimiento porque, debido a tu prejuicio, pierdes una oportunidad de enterarte de algo enormemente importante.

Hace unos tres siglos y medio los europeos fuimos a África, la invadimos y nos la repartimos como nos pareció, sin tener para nada en cuenta el parecer de sus habitantes. Estos nos vieron llegar primero con asombro, después con curiosidad, más tarde con alegría —porque les llevamos adelantos que ellos no tenían— y, por fin, al cabo de bastantes años, cayeron en la cuenta de que los estábamos saqueando. Entonces muchos de ellos se sublevaron, y cuando las cosas se pusieron mal para nosotros, salimos huyendo, pero el mal ya estaba hecho. Habíamos roto el equilibrio que ellos tenían en sus sociedades, les habíamos contagiado nuestras trampas y nuestras malas costumbres, y hasta las cosas buenas que les habíamos llevado acabaron convirtiéndose en instrumentos para que los que eran más fuertes entre ellos abusasen de los débiles. En definitiva, que cuando nos fuimos dejamos atrás un enorme caos que, gracias a las armas que les enseñamos a usar, ha convertido África en un continente de muerte.

De manera similar, hace unos setenta años ciertos seres inteligentes no humanos empezaron a dejarse ver en nuestros cielos. Esto suscitó la curiosidad de muchas personas, aunque, extrañamente, las autoridades no se dieron por enteradas y la ciencia oficial juzgaba y sigue juzgando como alucinados a los que investigan el fenómeno y piden explicaciones. En parte, los recién llegados —o más correctamente, los recién vistos, porque la realidad es que ya llevaban mucho tiempo en este planeta— nos entregaron unos cuantos adelantos muy entretenidos (todo el mundo de la electrónica y de las pantallas), y en parte se los robamos, y gracias a ellos, y sin que nos diésemos cuenta, se fueron adueñando de nuestras mentes.

La gran diferencia entre la invasión de África por los europeos y la del planeta Tierra por los «extraterrestres» es que en la primera los invasores éramos visibles y, aunque más avanzados, éramos de la misma especie que los invadidos, mientras que en la segunda los invasores tienen la capacidad de hacerse invisibles, no son humanos y además poseen una tecnología que para los humanos es inconcebible y aparentemente milagrosa. Tan milagrosa, que ese es uno de los argumentos en los que se basa la megaciencia para decir que todo es una fantasía.

Pero en definitiva, los resultados de la invasión son los mismos. Como la invasión de estos seres extrahumanos no es cosa reciente sino que data de muchos milenios, y como, al igual que en África, los invasores no vienen precisamente buscando nuestro bien sino lo que a ellos les interesa, nuestro planeta ha sido siempre un campo de batalla en el que los humanos nos hemos estado matando sin descanso por las razones más absurdas. Pero en los últimos tiempos, cuando nuestros visitantes han comenzado a manifestarse y a actuar de una manera más directa, hemos entrado en una actividad frenética y suicida como fruto de la influencia que estos seres han ejercido sobre nuestras mentes durante muchos años.

A continuación presento unos cuantos escritos en los que trato de explicar dos realidades que están íntimamente relacionadas: las raíces del mal en el mundo y la compleja realidad de los ovnis que se ven en nuestros cielos. El fenómeno ovni lo analizo no de una manera superficial, como hasta ahora lo habíamos venido haciendo, sino yendo hasta sus raíces y sus últimas consecuencias, aunque sé que a muchos les parecerá que he sido víctima de una intoxicación de fanatismo platillero o religioso. En mis no escasos escritos he dado bastantes señales de no ser ningún fanático religioso —más bien todo lo contrario—, aunque ahora al fin de mi vida haya descubierto el fondo de verdad que hay en todas las mitologías religiosas.

Los tres primeros capítulos tienen el propósito de hacer reflexionar sobre la perversidad y la putrefacción que existe entre los grandes dirigentes de nuestro desgraciado planeta, que se debe fundamentalmente a la influencia que estos seres del espacio han tenido en sus mentes. Son solo una mínima muestra de todas las pruebas que se podrían presentar y que irán saliendo a lo largo de estas páginas. A primera vista da la impresión de que estas primeras reflexiones no tienen nada que ver con los escritos siguientes, pero si sigues leyendo verás que en el fondo van a lo mismo.

El resto del libro lo escribí el año 2001 y es un resumen de la idea que entonces tenía de todo el fenómeno ovni. Desde entonces no ha cambiado mucho, aunque algo sí, pues uno ha ido sabiendo más cosas, profundizando más y teniendo más experiencias, y en la actualidad la ovnilogía profunda ha traspasado los parámetros en los que se mueven tanto la ciencia como la lógica humana, y adentrarse en el estudio del fenómeno extraterrestre es entrar por el resbaladizo y perturbador mundo de lo paranormal y de lo mitológico. Perturbador y resbaladizo pero real, con un tipo de realidad que trasciende las fronteras de la engolada ciencia y hasta del normal sentido común. Reconozco que suscitará muchas preguntas, pero si el lector sigue leyendo, encontrará contestación a muchas de sus dudas. Y reconozco también que quizá a veces soy algo repetitivo debido a que estos escritos fueron redactados en épocas diferentes. Pido perdón por ello.

I

REFLEXIONES SOBRE EL MAL
(Parte 1)

Decía el vidente Parravicini que la Tierra es «un planeta de castigo». Él tenía la impresión de que nuestro mundo es el lugar donde envían a los que se han portado mal en vidas anteriores o en otros lugares del Cosmos. Viendo el estado caótico y suicida de la sociedad humana de todos los tiempos y su manera salvaje y semirracional de actuar, cada vez me convenzo más de que lo que parecía la fantasmada de un iluminado tiene mucho de realidad.

Por otro lado, vemos que entre los humanos, en todos los países y razas, hay muchos individuos evolucionados que no están aquejados de la inmunodeficiencia genética ante el poder y el dinero que padece la mayor parte de los mortales, porque han caído en la cuenta de que la transitoria estancia en este planeta es para evolucionar en todos los niveles y para ayudar a otros seres humanos en esa evolución. Pero el problema es que evolucionados y no evolucionados vivimos todos mezclados, y en una misma familia puede haber individuos de los dos bandos.

Otra cosa desgraciada es que los evolucionados suelen ser más pacíficos y dedicarse con preferencia a cumplir responsablemente sus tareas y obligaciones sin interferir en las vidas de los demás, mientras que los no evolucionados son más audaces y suelen causar problemas en la convivencia con sus semejantes.

Esta es una de las causas de que haya tantos conflictos entre los humanos; conflictos personales y conflictos globales en los que intervienen sociedades enteras, frecuentemente con consecuencias mortales para muchas personas. Las grandes preguntas que yacen en el fondo de todos estos conflictos son las siguientes: ¿por qué hay tantas guerras en nuestro planeta?, ¿por qué los humanos nos comportamos tan irracionalmente?, ¿por qué somos tan belicosos?, ¿por qué hay tantos individuos malvados que no respetan los derechos de los demás?, ¿de dónde procede esa maldad?, ¿es algo que depende de la libre voluntad de cada individuo o es algo que traemos en los genes y a lo que no tenemos más remedio que obedecer?

En el fondo, esa es la gran cuestión que por siglos se han planteado los filósofos y los que se rebelan ante la existencia de un Dios providente: ¿por qué permite que en la Tierra haya tanto dolor y tanta injusticia? En definitiva, ¿por qué existe el mal? Ese es el tema que estudia la moderna ponerología[1].

Los teólogos tienen que hacer mil malabarismos mentales para tratar de contestar a esta pregunta, pero no lo logran.

---

[1] Disciplina que utiliza la psicología, la psicopatología, la sociología, la filosofía y la historia para estudiar y tratar de explicar los actos que conducen al mal en el mundo.

Les echan la culpa a la desobediencia y a la rebelión del ser humano contra los mandamientos de Dios, pero no nos dicen por qué los humanos somos tan rebeldes. Los agnósticos, con toda razón, siguen sin saber de dónde procede toda la maldad, toda la corrupción y todo el dolor que siempre han acompañado al ser humano. Y los ateos, más cegatos, no saben, no contestan. Cuando les llega la hora de irse, se van resignadamente a su Nada.

Y aquí es donde nuestra manera de pensar se aparta radicalmente de las insatisfactorias explicaciones que hasta ahora nos habían dado tanto los filósofos y teólogos del pasado como los científicos de nuestros días que están queriendo explicarlo todo con mecanismos cerebrales. Resulta que las sinapsis neuronales son las que tienen la culpa de todo, porque a fin de cuentas el alma es un conglomerado de neuronas, tal como nos dice Eduardo Punset en su libro *El alma está en el cerebro*, y allí es donde se cocinan toda la bondad y la maldad. El bueno de Punset se perdió en un bosque de dendritas y no encontró la salida (y nunca mejor dicho porque «dendritas» viene de «*dendron*», que en griego es «árbol»). Pero ante respuestas tan facilonas, seguiremos preguntando: ¿y quién es el responsable de que esos mecanismos cerebrales funcionen de una manera tan negativa para el individuo y para la sociedad? Y aun suponiendo que tengamos en realidad un libre albedrío, ¿por qué usamos ese libre albedrío contra nosotros mismos?

Olvidémonos por tanto de las explicaciones de filósofos y teólogos sobre el Mal y olvidémonos así mismo de las sinapsis neuronales de los científicos y busquemos audazmente otras explicaciones para esta mentalidad tramposa y beligerante que anida en el alma de tantos millones de seres humanos.

Cuando echamos una primera mirada a las grandes autoridades que se supone dirigen el mundo, lo primero que nos llama poderosamente la atención es la canalla gobernante. ¡Qué gentuza! Ladrones, mafiosos, buscones, chulos, rijosos, criminales, mentirosos, psicópatas, prevaricadores, visionarios, traidores con sus propios conciudadanos y fantoches de toda ralea son los que en estos momentos —y creo que así ha sido siempre— tienen las riendas de este enorme rebaño humano extendido por toda la superficie del planeta. Muchas veces, cuando he visto la «foto de familia» publicada con gran despliegue en todos los periódicos tras alguna de las cumbres en las que cada cierto tiempo se divierten, me he parado detenidamente a identificar cada una de las caras y en voz alta he ido diciendo: «Este tendría que estar en la cárcel por prevaricador, este por estafador, este por haber ganado las elecciones haciendo trampa, este por borrachín, este por tener a su país en la miseria cuando dedica la mitad del presupuesto al ejército, este por haberse llevado a Suiza el dinero que robó, este por no haber cumplido nada de lo que prometió antes de las elecciones, este por haber comprado la presidencia con dinero del erario público, este por haber ayudado a sus amigos banqueros a blanquear ingentes cantidades de dinero, este por haber asesinado a sus enemigos políticos, este por indecente pues usaba a sus secretarias debajo de la mesa presidencial, este por tener tratos con la mafia, y a este habría que bajarlo de la presidencia sencillamente por incompetente o por haberse sentado a pactar con una banda de asesinos, contra el parecer de la mayoría de los ciudadanos de su país».

Se me dirá que exagero, porque no todos los presidentes de las naciones merecen estas descalificaciones, y es cierto. Pero lo triste es que un gran número de ellos sí las merecen, cuando lo lógico sería que por estar colocados en puestos de tanta responsabilidad fuesen unos ciudadanos ejemplares. Como también es cierto que la lista de expresidentes que han sido condenados por los tribunales —y si no lo han sido es porque previamente habían amordazado al poder judicial— es abundantísima: desde monstruos como Stalin, Mao, Hitler, Idi Amín, Bocassa, Pol Pot, Hafez al Assad y su hijo Bashir, pasando por trápalas, visionarios, borrachos, locos y dictadores de medio pelo más o menos sanguinarios y ladrones como Fidel Castro, Yeltsin, Milosevic, Pérez Jiménez, Batista, Chávez, Somoza, Ortega, Pinochet, Than Shwe, Ríos Montt, Ceauchescu, Duvalier, Perón, Sheid Arhmed, Hassan II y su hijo, Mubarak, Hugo Banzer, Trujillo, Niyazov, Hamad Bin Hamdan, Macías, Kim Il Sung y su hijo, Gadafi, Stroessner, Sukarno, Suharto, Mobutu, Mugabe, Videla, Ben Alí, Obiang o Jacob Zuma, hasta personajes tan «honorables» y «demócratas» como Andreotti, Putin, Craxi, Clinton, Nixon, Carlos Andrés Pérez, Mitterrand, Berlusconi, Bush padre e hijo, Menem, el irresponsable Zapatero, Kirchner y señora, Echeverría, López Portillo y todos los presidentes del PRI, etc. La lista de buscones, aprovechados, incompetentes, listillos o indeseables que han llegado a presidentes de sus respectivos países podría hacerse larguísima. Y todos los citados son **¡contemporáneos míos!** Con esta gentuza al frente de los destinos de la humanidad, es totalmente lógico que esta esté como está.

Pero una vez más nos asalta una pregunta: ¿cómo es posible que individuos de esta calaña lleguen a esos puestos? Porque la realidad es que muchos de ellos son presidentes de países que aparentemente tienen regímenes democráticos y donde las elecciones se celebran limpiamente. Efectivamente, se celebran elecciones, y en la mayor parte de los casos aparentemente limpias, pero la manipulación de las masas por parte de los medios de comunicación, la escasez de políticos honestos y evolucionados y el atontamiento y borreguismo de nuestra sociedad son tales que es como un cáncer sistémico que ha invadido ya la esencia de muchas de las instituciones que constituyen el meollo de una verdadera democracia y en las que se basa nuestra convivencia. La independencia de los tres poderes es una pura utopía. La democracia de muchos países, y por supuesto la de España, es en estos momentos una farsa y una total mentira.

El Cuarto Poder (la prensa y los masivos medios de comunicación), que debería ser un gran instrumento para que los ciudadanos estuviesen bien informados, ha sido siempre un medio de manipulación de las masas en manos de los políticos y de los poderosos.

Una noche de 1880 John Swinton, el más prestigioso periodista de Nueva York, asistió a una cena en su honor, organizada por periodistas, y alguien propuso hacer un brindis por la prensa libre. Swinton se levantó y ante el asombro de sus camaradas dijo:

No hay tal cosa como una prensa libre. Ustedes lo saben tan bien como yo. Ninguno de ustedes se atreve a escribir su honesta opinión, y si lo hiciese, saben perfectamente que no saldría impresa. A mí me pagan para que no escriba en el periódico en el que trabajo mi sincera opinión. A ustedes les pagan por lo mismo que a mí, y si alguno estuviese tan loco como para decir sinceramente lo que piensa, pronto estaría buscando trabajo. Si yo me permitiese escribir lo que pienso de muchas cosas, en veinticuatro horas estaría despedido.

El trabajo de los periodistas es destruir la verdad, es mentir descaradamente, es pervertir, es vilipendiar, es adular a los que tienen el dinero y es vender a su patria y a su raza para ganarse el pan. Ustedes lo saben igual que yo. Por lo tanto, ¿a qué viene este brindis por la prensa libre?

Nosotros somos las herramientas y los siervos de los ricos que están detrás de bastidores. Nosotros somos solo muñecos; ellos tiran de los hilos y nosotros danzamos. Nuestros talentos, nuestras capacidades y nuestras vidas les pertenecen. Nosotros somos prostitutas intelectuales.

Creo que Swinton se pasa un pelín en su juicio sobre los periodistas. Pero aparte de sus exageraciones, en su discurso hay un retrato bastante acertado de lo que sucede con los grandes medios de comunicación.

Las democracias, tal como hoy se practican en la mayoría de las naciones, huelen a podrido. En muchas de ellas se ha pasado de una monarquía absoluta a una presidencia absoluta donde un señor que no es de sangre real hace lo que le da la real gana. Se rodea de tres o cuatro incondicionales y a puerta cerrada dictaminan lo que les parece, pasando si hace falta por encima de la Constitución y de los dictámenes contrarios de las instituciones del Estado. En España con Zapatero hemos tenido repetidos ejemplos de ello, cuando entre el presidente y sus amiguetes, mintiendo con un descaro increíble, engañaban todos los días a la nación. Los virtuales «legisladores», muy arrellanados en sus curules con acceso a internet, estaban esperando las órdenes que llegasen de «presidencia» para obedecer borreguilmente apretando el botón que se les ordenase. La independencia y soberanía del poder legislativo era solo simbólica, y los intereses y las preocupaciones del pueblo al que representaban se quedaban para el programa de las próximas elecciones. En definitiva, una farsa grotesca en la que el dinero de los contribuyentes corría abundantemente para gastos de desplazamiento, comisiones, retiros generosos, acondicionamiento de despachos y edificios, inspecciones, celebraciones, recepciones de huéspedes ilustres, «visitas de estudio» al extranjero y comidas de trabajo en las que las únicas que trabajan son las quijadas de los padres de la patria para dar buena cuenta de alguna suculenta mariscada. Las estadísticas nos dicen que los políticos están muy desprestigiados. Y eso que la masa no tiene idea de la enorme corrupción que se da en las alturas del poder. Si la conociese no sería extraño que hubiese algún tipo de rebelión general contra todos los partidos políticos. En el fondo del 15-M está latente esta asqueada rebelión, aunque luego este movimiento se haya visto infectado por la misma ideología corrupta contra la que se rebela.

El poder, y sobre todo el poder absoluto, obnubila por completo las mentes de los que lo ejercen y no dudan en llegar a acciones increíbles para desentenderse de sus enemigos o para dar paso a su megalomanía desenfrenada. El asesinato y su posterior encubrimiento por las mismas autoridades que lo perpetraron ha estado presente en infinidad de ocasiones en las alturas del poder. En nuestros días hemos tenido muestras de este criminal y clamoroso encubrimiento con los asesinatos de Olof Palme, Luther King, los Kennedy o la princesa Diana. Si han sido capaces de encubrir estos magnicidios, es indudable que lo hacen con mucha mayor facilidad cuando se trata de personas menos conocidas. Recuerdo en México el asesinato, por orden del Presidente, de un famoso periodista que se había atrevido a denunciar sus robos. Al día siguiente, en el funeral, pudimos ver en primera fila con cara muy compungida al primer mandatario dándole el pésame a la viuda. Y no solo se atreven al asesinato individual sino al colectivo e incluso al genocidio, de ello tenemos eximios ejemplos en la historia reciente.

Muchos gobernantes supuestamente demócratas, pero con subliminales entrañas de dictadores, han recurrido con frecuencia a acciones aberrantes y monstruosas para ocultarles a sus pueblos sus verdaderas intenciones. Hay innumerables ejemplos de ello. En el año 1898 los norteamericanos hicieron estallar en la bahía de La Habana su propio acorazado *Maine* sin importarles las personas que iban a morir. La secreta causa de una acción tan suicida era que el gobierno necesitaba una razón para declararle la guerra a España, porque ellos querían que la Cuba independiente cayese bajo su esfera de influencia. A los gobernantes «demócratas» poco les importó que en la explosión provocada muriesen 268 marinos y hubiera una buena cantidad de heridos.

El hecho del *Maine* es casi de juguete si lo comparamos con atrocidades mucho mayores y auténticos genocidios que las grandes potencias han cometido en todo el planeta contra países pequeños para lograr sus intereses. Los orígenes de la guerra de Vietnam son muy semejantes a los de la guerra de Cuba. El inexistente ataque vietnamita en el golfo de Tonkin fue la razón por la que el presidente Johnson dio la orden para iniciar la guerra de Vietnam, de la que los norteamericanos tuvieron que salir con el rabo entre las piernas.

Aunque mucha gente se resista todavía a creerlo, hoy en día hay ya suficientes pruebas de que el derribo de las Torres Gemelas de Nueva York (más el edificio WTC7, de 40 pisos, que no fue atacado por los aviones y que se vino abajo en diez segundos), no fue solo obra de los fanáticos de Al Qaeda, sino que fueron indirectamente ayudados por siniestros altos personajes de las finanzas mundiales (de los que hablaremos posteriormente) y del gobierno de Estados Unidos, que quería tener una excusa para invadir y dominar aquella región tan rica en hidrocarburos. Lo que comenzaron en Afganistán como venganza por el atentado de la Torres Gemelas quisieron rematarlo más tarde con la mentira de las armas de destrucción masiva de Sadam Husein —nunca encontradas—, sin tener en cuenta los cientos de miles de muertos que iban a causar. Y algo parecido es lo que se va vislumbrando en el atentado del 11 de marzo en Madrid. El gobierno del señor Zapatero no quería que se averiguase la verdad porque lo que estaba aflorando era que el Partido Socialista, entonces en la oposición, sabía de antemano que algo grave se estaba tramando, y no quiso comunicárselo al gobierno porque el atentado les podría dar la victoria en las elecciones, como así fue.

Los pueblos se pudren por la cabeza y la corrupción de los mayores dirigentes de este planeta alcanza ya niveles de espanto. Y paralelo a ello está el borreguismo de los ciudadanos de los países desarrollados que, engañados por los grandes medios de comunicación y especialmente entontecidos por la televisión, engordan más o menos satisfechos con su nivel de vida y con la paja endulzada con la que las pantallas de televisión alimentan a diario su cerebro. Al mismo tiempo, las masas depauperadas africanas y las de los países no desarrollados arrastran su hambre, su malaria, su sida y su asco de vivir, amedrentadas por algún gorila con estrellas de general o gobernadas por algún político ratero con cuentas en Suiza. El país helvético, tan modélico y tan desarrollado, ha sido por muchos años la cloaca donde ha ido a parar todo el estiércol monetario que enviaban los ladrones de los pobres de todo el mundo.

Esta es la visión panorámica de nuestro planeta, muy diferente de las deslumbrantes ceremonias de los Óscar, los Juegos Olímpicos, la ópera de Milán, las Naciones Unidas, los abarrotados estadios de fútbol o las concentraciones multitudinarias de Benarés, la Meca o el Vaticano.

Hasta aquí solamente una de las causas de por qué el mundo anda mal. Y por lo tanto, seguiremos con muchas preguntas. ¿Por qué hay tantos seres humanos malvados? ¿Por qué hay tanta corrupción y maldad en el mundo? ¿Por qué hay tantas guerras? La increíble e intrigante verdad es que las causas antes mencionadas no son las únicas ni las más importantes. Hay otras mucho mayores y más hondas que la humanidad desconoce por completo porque precisamente esas autoridades corruptas han hecho enormes esfuerzos para que la humanidad no se entere.

II

LOS LÍDERES MUNDIALES

(Declaración secreta de W. Casey, exdirector general de la CIA)

Yo, William Casey, declaro que la libertad es un inapreciable valor que requiere una constante vigilancia para que pueda perdurar.

Durante la II Guerra Mundial fui asignado en Londres a la Oficina de Servicios Estratégicos (OSS). Durante ese tiempo hice amistad con un soldado alemán llamado Gunther al que usé, junto con otros prisioneros alemanes antinazis, en operaciones de la OSS dentro de la Alemania nazi.

Yo sabía que esto violaba el Convenio de Ginebra para prisioneros de guerra, pero no me importó. El Convenio de Ginebra era un conjunto de reglas que regulaban las atrocidades que los humanos cometen en nombre de sus ideologías políticas. Ponerle reglas a la guerra es prolongar el sufrimiento humano. La guerra franca es el último resorte de una nación civilizada y debe ser usado pocas veces. Pero las guerras tienen que ser realizadas salvajemente utilizando todos los medios y trampas posibles. Gunther era un medio, e ignorar el Convenio de Ginebra era una trampa.

Cuando me nombraron Director General de la CIA el 28 de enero de 1981, recibí instrucciones secretas de William Colby, mi antecesor en el cargo. Me informó de dos operaciones que en aquellos mismos días se estaban llevando a cabo en Latinoamérica. Ambas operaciones se estaban realizando sin el conocimiento y sin el consentimiento del Congreso ni del propio presidente Reagan; y ni siquiera las conocía el alto organismo de la inteligencia militar[2]. Colby me dijo que el nombre en código de estas operaciones era A-6 (*Red Mist*) y A-7 (*Project Sandman*).

Se me informó de que el A-6 investigaba a individuos y a toda la estructura comunista que amenazaba a Latinoamérica. Algunos de los datos conseguidos por el A-6 eran usados después por el Task Force-157[3]. El A-7 era el Programa Phoenix de Latinoamérica, que consistía en el asesinato de los miembros de la infraestructura comunista en toda la América Latina.

Se me informó también de que Colby había autorizado al personal relacionado con la A-6 y la A-7 a que traficase con narcóticos con el fin de financiar ambas operaciones. Colby hacía lo mismo que yo sabía que se había hecho en Vietnam con el mismo fin.

Colby me informó con toda franqueza de que él había colocado más de un millón de libras de cocaína (500

---

[2] Operaciones secretas como esta dependen exclusivamente del Consejo de Seguridad Nacional (NSC) de los Estados Unidos en virtud de una Orden Ejecutiva de Harry S. Truman.

[3] Unidad ultrasecreta de espionaje de Estados Unidos.

toneladas aproximadamente) en Panamá entre diciembre de 1975 y abril de 1976, operación que se había hecho con la ayuda de nuestro gentil aliado el general Manuel Noriega. La cocaína fue posteriormente transportada a El Salvador, Costa Rica y Honduras entre 1976 y 1981. Y ahora tenía yo sentado frente a mí a Colby con el sombrero en la mano pidiéndome ayuda para introducir la cocaína en el mercado norteamericano.

Se me dijo que Colby, en los asuntos de la A-6 y la A-7, usaba a un amigo mutuo, el coronel Albert Vincent Carone, de la inteligencia militar. Carone es un patriota carismático que nos fue presentado por el general Joseph W. Smith el año 1945.

Además de las cualificaciones ordinarias, Carone aportó al esfuerzo anticomunista la conexión directa con su viejo amigo Vito Genovese. Genovese era el jefe de la mafia que controlaba los juegos ilegales y el narcotráfico en Nueva York; una mafia de la que Carone había sido nombrado miembro. Carone es además amigo del fugitivo internacional Robert Vesco y tiene varias fuentes de información anticomunistas, por ejemplo Maurita Lorentz, que es amiga de Fidel Castro. Carone es el hermano menor del Dr. Pasquale Carone, que ha trabajado para la CIA en otras materias.

Colby me dijo que las ganancias de la cocaína serían lavadas por Al Carone, la mafia de Nueva York y Robert Vesco y posteriormente usadas para la lucha anticomunista por el propio Colby.[4]

---

[4] Vesco murió en noviembre de 2007 en La Habana.

Después de hablar con Carone tomé la decisión de trasladar la cocaína almacenada al aeropuerto de Mena, en Arkansas, pues la CIA había ya usado este aeropuerto en varias ocasiones. En estas circunstancias la cocaína era el instrumento. La trampa era el ignorar la ley y el evitar ser descubiertos. En estos esfuerzos nos ayudaron William Clinton y William Weld.

En 1984 toda la cocaína (que había estado depositada inicialmente en Panamá bajo la supervisión del general Noriega) estaba ya en el aeropuerto de Mena y además habíamos buscado otras fuentes para que nos suministrasen más cocaína. Esta nos llegaba a través de los hangares 4 y 5 de la base aérea de Ilopango en El Salvador. Mi hombre de confianza en Mena era Adler Berriman Seal.[5]

Bill Clinton nos ha ayudado enormemente hasta ahora evitando que haya investigaciones locales sobre las actividades del aeropuerto de Mena. A Bill Weld, como Asistente del Fiscal General de los Estados Unidos, se le dio el puesto de Encargado de la División Criminal del Departamento de Justicia. Esto se hizo para que pudiese tener controladas las investigaciones de las agencias federales sobre las actividades de Mena. La ayuda de Weld ha sido de un valor incalculable.

Yo les ordené a John Poindexter (almirante), Robert McFarlaine y Oliver North (coronel) que prescindiesen de los canales normales y usasen todos los medios que tuvie-

---

[5] A. B. Seal fue asesinado en febrero de 1987 cuando comenzó a hablar de sus vuelos con drogas al servicio de Clinton. Confesó que en el cono delantero desmontable de los aviones trasladaba semanalmente desde Centroamérica cocaína por valor de diez millones de dólares.

sen a mano, incluida la mafia, para asegurar la llegada de la cocaína al aeropuerto de Mena. En gran parte se debe el resultado feliz de toda la operación a los esfuerzos del personal de la Agencia Nacional de Inteligencia (NSA) y de la Agencia de Seguridad del Ejército (ASA). Los hombres y mujeres de la NSA y de la ASA impidieron que los satélites y la red de radares pudieran detectar la llegada de los aviones de modo que estos pudieron aterrizar tranquilamente en Mena. La NSA y la ASA denominaron a estas operaciones *Sea Spray* y *Jade Bridge*.

Creo que la lucha por la democracia en Nicaragua y Latinoamérica está yendo en la dirección que nosotros queremos. Pienso que este triunfo se debe a las operaciones A-6 y A-7 que Colby tuvo el acierto, la precisión y el valor de emprender. Tengo en cuenta los heroicos esfuerzos de Al Carone, Bill Clinton, Bill Weld, John Poindexter, Bud McFarlaine y Ollie North. Sin estos hombres las A-6 y A-7 no hubiesen existido.

La libertad es un bien de un valor incalculable. El grado de libertad que uno disfruta es el resultado del grado de vigilancia que uno ejerce. Mis acciones puede que sean catalogadas como criminales al pensar en la enorme cantidad de norteamericanos que enganchamos a las drogas. Pero no me importa. Todas las guerras tienen víctimas. Aunque generalmente, cuanto más violenta es la guerra más corta es su duración. Mi dilema era: o exponernos a una larga guerra de guerrillas en Latinoamérica o usar los medios que teníamos para hacer una guerra violenta de corta duración para salvar la democracia. Cuando tomo una decisión la cumplo. En este caso el arma era la cocaína y la trampa era que el que usa drogas tiene libertad para usarlas o no usarlas. Y escogen usarlas. Yo escogí usar el hábito de estas personas para financiar la democracia que disfrutamos y para mantener a todos los norteamericanos a salvo de la amenaza comunista que nos está acechando ahí al lado desde Sudamérica. Paradójicamente el drogadicto está ayudando a la sociedad.

Declaro bajo pena de perjurio que lo que aquí digo es la verdad tal como yo lo veo y entiendo.

Redactado este 9 de diciembre de 1986 en McLean, Virginia.

Firmado: William J. Casey

William Colby, exdirector de la CIA, que aparece repetidamente citado en este documento, murió misteriosamente asesinado en 1996. Su muerte, al igual que la de otros muchos personajes claves, críticos con el gobierno secreto de Estados Unidos, nunca fue esclarecida. El pecado de Colby pudo ser haber hablado demasiado libremente sobre los intentos fallidos de asesinar a Fidel Castro o sobre el del presidente Kennedy. También pudo haber sido su manifestación de que él pensaba decir públicamente la realidad del fenómeno ovni.

* * *

Al leer este documento, que por muchos años no fue de dominio público y que solo gracias al Acta de Libertad de Información (FOIA) hemos logrado tener, uno se llena de pasmo al conocer la monstruosa filosofía de los grandes líderes y al mismo tiempo se explica por qué el mundo dirigido por ellos está como está. En el documento aparecen mezclados nombres de gánsteres con almirantes, senadores y nada menos que un presidente (aunque cuando sucedieron estos hechos todavía faltaban años para que lo fuese). Y aunque no aparece en el documento, ya por aquellas fechas Bush padre —hombre siniestro— andaba por la Casa Blanca tratando de impulsar el *Nuevo Orden*.

El cinismo con que Casey admite que ha contribuido a meter en el infierno de las drogas a cientos de miles de sus compatriotas «para financiar la democracia que disfrutamos» nos da derecho a pensar que degenerados así son capaces de cometer cualquier crimen. Y de hecho los han cometido en abundancia, por ejemplo cuando durante las pruebas de la bomba atómica sometieron a civiles y militares, sin que se diesen cuenta, a los efectos de las radiaciones para saber hasta qué punto afectaban al ser humano; o cuando en prisiones y hospitales inyectaron plutonio a convictos y enfermos con el mismo fin. O en las actuales y criminales experiencias de *chemtrails*[6], de las que yo mismo he sido testigo. ¡Cuántos norteamericanos se habrán ido al otro mundo sin saber que sus propias autoridades eran las que los habían asesinado!

El poder, y sobre todo el poder omnímodo, ciega las mentes de los que lo detentan, y por eso a lo largo de toda la historia humana vemos tantas barbaridades, tantos abusos y tantas estupideces cometidas por los grandes líderes, que a la larga han llevado a nuestro planeta al estado caótico en el que en la actualidad se encuentra.

---

[6] Estelas en el cielo que en apariencia son las habituales de condensación de los aviones, pero que en realidad estarían compuestas por elementos químicos para causar daños en la población y cambios en el clima.

III

REFLEXIONES SOBRE EL MAL
(PARTE 2)

Los escritos que vienen a continuación caen de lleno en lo que los periodistas progres (pero mal informados) llaman literatura «conspiranoica». Los conspiranoicos nos acercamos con audacia a los límites del mundo tridimensional en que vivimos y nos asomamos a otros niveles de realidad, porque sabemos que la información que nos dan nuestros sentidos es enormemente limitada si la comparamos con las posibles infinitas formas de vida del Universo.

Y también sabemos que nuestras «fantasías» están mucho más cerca de la verdad que las pedestres mentiras que nos dicen las autoridades y los medios de comunicación y las pequeñeces en las que está sumida la masa humana, incluida la que se considera intelectual.

La premisa cierta de la que partimos y que hace años ya traté de explicar en uno de mis libros, *La granja humana*[7], es que en este planeta hay otros seres —normalmente invisibles—, más inteligentes que nosotros, que son los que desde las sombras nos dominan sin que nos demos cuenta.

El lector que no admita esta premisa puede ya dejar de leer porque lo que viene no tendrá sentido para él. Seguramente preferirá volver a su rutina diaria con su sobredosis de fútbol, sus sesiones de televisión o los rifirrafes de los políticos, sin caer en la cuenta del caótico mundo en el que vive, con su injusticia pandémica, sus muchos millones de hambrientos, sus guerras constantes y sus autoridades mundiales corruptas hasta el tuétano. Con su pan se lo coman y que sigan durmiendo.

Comenzaré este escrito declarándome abiertamente *forteano*. Charles Fort, a principios de siglo pasado, resumió genialmente en tres palabras, *«we are property»,* una verdad fundamental; tres palabras que en español se convierten en dos: «somos propiedad». Al que no sepa que en este planeta que consideramos tan nuestro hay otras inteligencias extrahumanas que son las verdaderas dueñas de él, le diré que no va a creer nada de lo que aquí se dice. Pero le diré que se ha dejado engañar por las afirmaciones de ciertos científicos (que saben mucho de lo suyo pero que de ovnis no quieren saber nada porque no lo pueden explicar) y por las mentiras de la prensa y de las perversas autoridades de este mundo, y

---

[7] *La granja humana* fue publicado en 1989 y es uno de los libros más conocidos de Salvador Freixedo. Recientemente Diversa Ediciones ha publicado una edición revisada y actualizada por el autor. [*Nota del editor*].

que ignora algo que es fundamental en la historia humana. Yo también estuve engañado durante casi setenta años.

Imagino que los lectores de la primera parte de las «Reflexiones sobre el Mal» no habrán puesto demasiadas objeciones a las ideas que allí se expresaban. Sin embargo, me temo que en esta segunda parte más de uno va a tener grandes dudas en seguirme cuando yo abandone los parámetros en los que la ciencia y hasta el sentido común se suelen mover y me asome a los laberintos extrahumanos del Cosmos.

Comencemos por derribar el primer ídolo, a pesar de ser de factura bíblica: «El hombre es el rey de la Creación». Doblemente falso. Los humanos tendemos a identificar la Creación con nuestro planeta. Pero la Creación (con mayúscula) es infinitamente más grande que este planeta. Y además, el hombre es solo un animal semirracional, que habita en este mundo, sujeto a mil penalidades. Nunca fue el rey de toda la Creación, y si alguna vez lo fue de este planeta, alguien o algo lo destronó, porque en la actualidad está a merced de mil calamidades.

Las ciencias se han ocupado de explicar el mundo y los diversos mundos en todos sus aspectos materiales, las causas y los efectos de todo lo que sucede a nuestro alrededor, pero se han preocupado mucho menos de explicar los aspectos inmateriales y espirituales de todos estos hechos porque son mucho más difíciles de entender y, en cierta manera, contradicen los «dogmas» que la ciencia ha establecido para explicar el mundo material que nos rodea. Rechacemos por tanto la absolutez de estos falsos «dogmas» si queremos analizar sin prejuicios el tema del mal en el mundo.

Las religiones, a diferencia de las ciencias, sí que se han preocupado de estudiar estos aspectos inmateriales que condicionan la vida humana. Pero lo primero que nos llama la atención son las contradictorias maneras que tienen de explicarlo, y esto nos lleva a la conclusión de que no es nada fácil saber cuál es la realidad, ni aceptar que detrás, más allá y por encima de la vida humana hay un gran misterio. Es el *arcanum* del que hablaban los romanos. Detrás de esta irracional y malévola conducta tan común entre los seres humanos, de la que hablamos en la primera parte de estas reflexiones, y detrás de las infinitas injusticias que se dan en nuestra sociedad y del abandono y el dolor en los que viven millones de seres humanos, hay una causa misteriosa.

Aparte de lo que puedan predicar otras religiones sobre este particular, la doctrina del Dios cercano y providente del cristianismo se viene abajo ante el triste estado en el que desde el comienzo de la historia ha vivido la sociedad humana. Los teólogos tratan de explicarlo de varias maneras y, aunque se niegan a admitirlo, su negativa proviene de la falta de información o de una cerrazón mental muy piadosa pero muy poco objetiva. El mundo, a pesar del Dios providente, está lleno de dolor y de injusticia. Y lo del Pecado Original con el que en el cristianismo se pretende explicar el mal del mundo, sin dejar de tener su parte de verdad, tiene una gran connotación mitológica tal como más adelante veremos.

Esto no quiere decir que nos consideremos ateos y que no creamos que más allá de toda esta maldad exista una suprema inteligencia —inalcanzable por nuestra mente actual— que está por encima de todo este aparente caos. Creemos en esa Superinteligencia, en esta Fuente creadora del Universo, que difiere mucho del Dios cazuelero que muchos cristianos tienen en mente y por supuesto del iracundo Dios del Génesis. Pero de ello hablaremos posteriormente.

En lo único en lo que **todas** las religiones están de acuerdo es en creer que por encima de nosotros hay unos seres espirituales e inmateriales, pero **reales** —benéficos y maléficos—, que se inmiscuyen en nuestras vidas, ayudándonos o castigándonos. Dependiendo de las religiones, se les llama con muy diferentes nombres: dioses, ángeles, demonios, espíritus, devas, iblis, pitris, loas, djins o jinas, ninfas, ondinas, sílfides, asuras, genios, anunnakis, nummos, nefilim, kachinas, dusi, gandharvas, wandjinas, veteheinen, tursas, lempos, larvas, lemures, hiisis, yazatas, efrits, rakchasas, nagas, apsaras, yakshas, garudas, pretos... Podría hacer esta lista interminable porque todas las religiones están llenas de ellos —buenos y malos— y de sus apariciones.

La sociología ha tratado muy a la ligera el hecho religioso y ha profundizado muy poco en el mayor fenómeno sociológico de la humanidad. Por su parte, la megaciencia intenta explicar todas las creencias que las religiones tienen en estos seres como fruto del miedo a la muerte, mal funcionamiento del cerebro o simples fabulaciones del mismo. Vano intento, porque hete aquí que en la actualidad, cuando las masas, sobre todo en el mundo occidental, están sufriendo un rápido y destructivo proceso de «desespiritualización» y perdiendo la fe en todas las creencias de nuestros antepasados, en nuestros cielos han aparecido unos seres que, aunque a primera vista parecen ser los visitantes de otros planetas, cuando se les conoce a fondo se comportan igual que los espíritus en los que creían las gentes del pasado y como el dios o los dioses en los que creen las religiones del presente.

Y aquí entramos en un tema tabú que las supremas y desconocidas autoridades del planeta —las causantes directas de gran parte del dolor en el mundo— han tenido muy buen cuidado de mantener oculto a los ojos de los humanos. En ello gastan miles de millones para tener amordazados o engañados a los grandes medios de comunicación y para ridiculizar, amenazar o incluso quitar violentamente de en medio a toda persona de cierto prestigio que se atreva a hablar seriamente de ello. Amenazas que en muchos casos se han convertido en asesinatos, cantidad de asesinatos que conocemos muy bien y que de ordinario han sido oficialmente explicados como suicidios, muertes naturales o desapariciones sin explicación.

La presencia en los cielos de estos misteriosos aparatos puso fin a la infantil creencia de que somos los únicos habitantes inteligentes del Universo. El infinito Universo hierve de vida; una vida no solo atómica y molecular sino también inmaterial pero inteligente, que se manifiesta de miles de maneras diferentes, la mayoría de ellas incomprensibles para nuestra limitada inteligencia. Hace unos setenta años, cuando estos seres comenzaron a manifestarse más abiertamente en el mundo occidental, pensábamos que eran poco más o menos como nosotros, aunque a juzgar por sus vehículos, mucho más avanzados. Pero a lo largo de más de medio siglo, poco a poco hemos ido conociendo su sutil manera de actuar y sus intenciones, y hoy en día ya sabemos que, sin que nos demos cuenta —y precisamente porque ellos quieren que no nos demos cuenta—, ellos son y han sido siempre los auténticos señores de nuestro planeta; y las diferentes razas humanas —hechura suya— no somos más que una especie de animales de granja de los que ellos se aprovechan de muy diferentes maneras. Hace ya más de veinte años escribí mis libros *Defendámonos de los dioses* y *La granja humana,* en los que hablaba de este tema, aunque la verdad es que quedé a medio camino porque entonces desconocía muchas cosas que ahora conozco. Los «dioses» nos hacen creer que nosotros somos «los reyes del mundo» para que no nos rebelemos y sigamos en nuestra ignorancia, pero en realidad ellos son los verdaderos dueños de esta granja humana.

A continuación diré lo que hoy en día sabemos de estos falsos dioses, que es mucho más de lo que sabíamos hace veinte años, y posteriormente profundizaré en muchas de las cosas que ahora enunciaré solo de pasada.

IV

OVNIS

❖ En nuestro planeta hay seres inteligentes extrahumanos.

❖ Para el que no tenga prejuicios, la abundancia de ovnis en nuestros cielos, la infinidad de testigos fidedignos (entre los que me cuento) y los admirables círculos de las cosechas que se dan en tantas naciones (que el lector podrá encontrar en abundancia en internet) son una prueba irrefutable de ello. La presentación de nuevos casos sirve para tener una idea más completa de todo el fenómeno; pero es ya algo secundario. **El fenómeno hoy en día tiene que ser considerado sociológica y psicológicamente y relacionado con la evolución o involución física y espiritual de la raza humana.**

❖ Es lógico que no podamos entenderlos por completo porque son de otra dimensión o de otros planos de existencia (al igual que los otros animales no humanos, con su limitada inteligencia, solo pueden entender algunas de nuestras actuaciones).

❖ Hace millones de años que están en nuestro planeta. Están aquí desde antes que nosotros.

❖ Da la impresión de que en la actualidad hay otros que están llegando de fuera.

❖ La razón de por qué no se presentan abiertamente es que prefieren que sigamos creyendo que nosotros somos los dueños de este planeta y que actuamos con entera libertad. De esa manera, no nos rebelaremos y podrán seguir aprovechándose de nosotros.

❖ Al igual que sucede entre los humanos, de estos seres los hay que son evolucionados y benéficos para el hombre, y otros que son maléficos y que lo único que quieren es usarnos o jugar con nosotros.

❖ Nos usan de maneras muy diferentes (lo mismo que los humanos usamos a otros animales de maneras muy diferentes) y sin que caigamos en la cuenta de ello.

❖ Por lo que parece, aprovechan de alguna manera la sutil energía que producen nuestro cerebro y nuestro psiquismo (emociones, miedos, odio, dolor...).

❖ Da la impresión de que la presencia e interferencia de los maléficos es mucho más abundante que la de los benévolos. Parece que estos últimos obedecen una ley cósmica que consiste en respetar y no interferir. Los negativos, en cambio, no respetan esa ley y por eso su presencia entre nosotros es más abundante y llamativa. Sucede igual que en nuestra sociedad: las personas más evolucionadas son respetuosas con el medio ambiente y con las leyes, mientras que las menos evolucionadas no respetan nada y se hacen más de notar.

❖ Es un gran error creer que porque son más avanzados que nosotros técnicamente (a juzgar por los aparatos con los que se mueven en nuestra atmósfera) son también muy evolucionados éticamente. Su manera de actuar nos dice que no es así. Es muy probable que su lógica, su idea de la justicia y sus principios éticos sean diferentes a los nuestros.

❖ Su manera de viajar por el Cosmos trasciende nuestros conocimientos y las leyes de nuestra física, al menos tal y como los grandes físico-matemáticos (como Fred Hoyle o William Tiller) han apuntado y como los propios extraterrestres han dicho en muchas ocasiones. El «dogma» de la insuperabilidad de la velocidad de la luz es falso, tal como hoy admiten ya los físicos más avanzados y los que hablan de la «*non locality*»[8].

❖ Estas inteligencias suprahumanas son las que han creado las diferentes razas humanas a lo largo de los milenios a partir

---

[8] «No localización». Se trata de una propiedad propuesta por investigadores de la física cuántica que hace referencia a la capacidad de una entidad cuántica para influir en otra entidad cuántica, independientemente de la acción del tiempo y del espacio y sin que se produzca intercambio de fuerza ni de energía. Esto sugiere que las partículas cuánticas tienen conexión aunque se separen.

de algunos simios. A juzgar por abundantes restos fósiles, en nuestro planeta han vivido diversas razas humanas muy diferentes (algunas de ellas gigantes y otras minúsculas, como el ejemplar que posee en Barcelona el gran investigador ovni Ramón Navia-Osorio), que han existido y se han extinguido a lo largo de millones de años, contrariamente a lo que afirman arqueólogos y paleontólogos.

❖ Los seres extrahumanos inteligentes que están entre nosotros son muy diversos y tienen orígenes muy diferentes. Mientras algunos parecen proceder de astros físicos más o menos como el nuestro, otros dan la impresión de proceder de otras dimensiones o de otros planos de existencia difícilmente localizables en un lugar físico y muy difíciles de concebir para nuestra mente limitada a un mundo tridimensional. Sin embargo, mientras están en nuestro mundo estos seres actúan bastante conforme a nuestras leyes físicas.

❖ Sus propósitos son también muy diferentes; sabemos de rivalidades y luchas abiertas entre ellos.

❖ Algunos de estos seres tienen la capacidad de adoptar formas y costumbres completamente humanas, de modo que pueden convivir con nosotros sin ser detectados. Otros, en cambio, no tienen la capacidad de cambiar de forma. Conocí y traté por lo menos con personas que habían convivido durante un buen tiempo con dos «extraterrestres», de los que me contaron detalladamente sus vidas y sus extraordinarios poderes. Una de estas personas estuvo casada con uno de ellos.

❖ Las muchas religiones de los humanos han sido inventadas por estos seres como una estrategia para su dominio sobre nuestras mentes. Para implantarlas a lo largo de los milenios se han valido de seres humanos a los que han preparado de una manera especial. (Por supuesto, me estoy refiriendo a los fundadores de todas las grandes religiones y a personajes muy importantes dentro de ellas).

❖ Todas las religiones sirven a un propósito concreto de los seres extrahumanos que las inculcan, aunque los humanos no sepamos a ciencia cierta cuál es ese propósito. Probablemente tiene que ver con el contenido mental y emocional y el clima social que las creencias de cada religión generan a la larga.

❖ Los **auténticos milagros** que se dan en **todas** las religiones son en gran parte (directa o indirectamente) obra de estos seres, para tener más sujetas las mentes de los creyentes. Sin embargo, hay hechos paranormales procedentes de capacidades desconocidas del ser humano que se manifiestan excepcionalmente en algunos individuos.

❖ Estas inteligencias extrahumanas tienen la capacidad de influir a voluntad en la mente de los humanos. De ordinario no lo hacen individualmente, pero sí lo hacen (lo han hecho siempre) de una manera general, influyendo en la marcha de la historia de la humanidad. Para ello se han valido, al igual que en las religiones, de los líderes de los pueblos, que inconscientemente han seguido sus indicaciones. En muchos casos históricos estos seres (frecuentemente tenidos por dioses) manifestaban su voluntad por medio de sueños, de apariciones, de inspiraciones o valiéndose de adivinos y arúspices que eran consultados por los reyes y líderes.

❖ Sin embargo, también se da la influencia directa e individual de estos seres en los humanos normales. En ovnilogía, a estos individuos se les llama «contactados». De ellos hay cientos de miles, en todos los continentes y en todos los niveles sociales, aunque la mayoría lo mantienen en secreto por miedo a ser tenidos por locos. Personalmente conozco y soy amigo de muchos de estos contactados, y algunos —la minoría— se han beneficiado grandemente de este contacto; sin embargo, la mayor parte ha salido perjudicada. Para algunos el contacto ha sido funesto, dejando su mente desconcertada y confusa; porque la realidad es que la mayoría de estos alienígenas tienen una tendencia enorme a mentir y a jugar con el contactado. De hecho, muchos de los individuos que la sociedad tiene por «locos» o de los grandes excéntricos que conocemos en la historia lo son fruto de este secreto contacto. Somos para ellos como los animales para nosotros. A estos los amamos o los odiamos; los beneficiamos o los perseguimos según nos convenga.

❖ El contacto puede ser puramente mental, oyendo el contactado una voz dentro de su cabeza, o visual (de alguna manera físico), viendo el contactado el objeto o a la entidad que se comunica con él.

❖ El contenido del mensaje que reciben los contactados suele ser de naturaleza escatológica (relativa al fin de los tiempos) o cosmogónica, con anuncios de grandes cambios y catástrofes debidas en gran parte a los abusos a que estamos sometiendo al planeta. También puede hacer referencia a la historia la Tierra y del sistema solar, o bien los seres pueden presentarse como alguna divinidad o ser superior que anima al contactado a divulgar la noticia y a convertir aquel sitio en un lugar de reunión o de culto donde acudan multitudes. En sus mensajes suelen mezclar algunas verdades con muchas mentiras.

❖ Muchos de estos contactados han sido transportados (normalmente contra su voluntad) a las naves de los extraterrestres, donde han sido sometidos a exámenes físicos y psicológicos, con frecuencia muy desagradables. Algunos de ellos han vuelto con implantes, es decir, con minúsculos objetos insertados en alguna parte de su cuerpo. El propósito de estos implantes es muy variado.

❖ Parece ser que algunos de estos seres están haciendo grandes experimentos con el objeto de lograr híbridos de su raza con la nuestra. Pero puede que esto, al igual que muchas otras acciones suyas, sea solo una estrategia para tenernos confundidos en cuanto a sus propósitos reales.

❖ Sin embargo, es un hecho que en los últimos cincuenta años han nacido muchos niños (los índigo) con capacidades mentales y paranormales extraordinarias que, por lo que parece, son debidas a **genes extrahumanos** que han sido implantados en sus madres.

❖ Estos seres, al igual que sus vehículos, normalmente son invisibles al ojo humano, aunque pueden hacerse visibles a voluntad. Las cámaras fotográficas, el radar y el sónar submarino sí los han captado en multitud de ocasiones. En los últimos años, muchas oleadas de avistamientos de ovnis han sido presenciadas por miles de personas (por ejemplo en México, Brasil, Perú, Chile y Bélgica) y en la década de los 50 del siglo pasado ocurrió sobre el Capitolio de Washington. De todas estas oleadas hay **miles de fotografías y vídeos.**

❖ El vertiginoso avance en la electrónica (chips, nanotecnología, circuitos integrados, etc.), al igual que el láser, la fibra óptica y muchos otros inventos de los últimos cuarenta años, se deben a la tecnología que hemos copiado de los muchos ovnis estrellados, de los que tenemos una detallada cuenta del lugar en el que cayeron y de sus tripulantes.

❖ Ciertas grandes autoridades del mundo (que no son precisamente las que ostentan los más altos y visibles puestos de gobierno) no solo están en contacto con uno o varios grupos de estos seres sino que desde hace unos sesenta o setenta años colaboran estrechamente con ellos en proyectos generalmente bélicos de una avanzadísima tecnología (también psíquica y biológica) **desconocida en gran parte por la ciencia oficial**. Alguna de estas tecnologías fue ya usada en la guerra del Golfo.

❖ Las autoridades de los grandes países, influenciadas por estos seres, niegan tenazmente este contacto. Pero la realidad es que **se gastan ingentes sumas de dinero para que la humanidad no lo sepa. En su afán por evitarlo, han pasado por encima de leyes y constituciones.** Hoy no tenemos dudas sobre este contacto. Todos los grandes medios de comunicación están comprados, engañados o de alguna forma amordazados para que no digan la verdad. Una de las maneras más comunes de evitar que el pueblo se entere es desprestigiando a los investigadores, haciéndolos pasar por locos o anticientíficos, pero **en muchas ocasiones han llegado al asesinato**

de científicos y personas importantes que amenazaban con divulgar el secreto. Lo suelen hacer de maneras muy sofisticadas, de modo que parezcan muertes naturales o suicidios. Tengo una larga lista de estas personas, y el que quiera profundizar en el tema puede consultar el trabajo de G. Cope Schellhorn «*Is Someone Killing our UFO Investigators?*». Phil Schneider, un ingeniero que tuvo mucho que ver con las relaciones y trabajos en común del gobierno norteamericano con los alienígenas en bases subterráneas, y que murió de una manera muy extraña, escribió: «En los últimos veintidós años he visto morir de suicidio a once de mis mejores amigos».

❖ El proyecto SETI de búsqueda de inteligencias extraterrestres, al igual que el proyecto Blue Book, los informes Condon, Robertson, Sturrock y las muchas declaraciones oficiales de la Fuerza Aérea, son engaños concienzudamente perpetrados por las autoridades con la colusión de algunos científicos famosos para hacer creer a la gente que se está investigando seriamente el tema. Carl Sagan se prestó a este engaño, y Hollywood ha colaborado también a esta labor de confusión y desinformación con numerosas películas.

❖ Hoy, una de las principales tareas de la ovnilogía debería consistir en tratar de averiguar hasta qué punto los secretos dirigentes del planeta (entre los que prevalecen los militares y que no son necesariamente los que aparecen en los periódicos) están en connivencia con estas inteligencias extrahumanas y cuáles son sus propósitos finales.

❖ La mayor parte de estos grandes dirigentes son unos contactados inconscientes y consecuentemente están siendo engañados y usados con el propósito de que no pongan remedio a los muchos males que aquejan a la humanidad e incluso para que creen problemas nuevos.

❖ A juzgar por el enorme deterioro ecológico y por el estado de agitación social, mental y espiritual en que se encuentra el planeta (donde al lado de una altísima tecnología y de los miles de millones de dólares que se mueven cada día en las bolsas de valores y del lujo y despilfarro en que vive mucha gente hay millones de personas muriéndose de hambre y de enfermedades), uno no puede menos que sospechar que estamos siendo llevados a una catástrofe de dimensiones mundiales.

❖ Da la impresión de que, valiéndose de los grandes medios de comunicación y sobre todo de la televisión, nos están imponiendo **ideologías, costumbres, tecnologías, alimentos, diversiones y sistemas económicos** que son un auténtico **veneno** para la humanidad. Los líderes de las naciones (que en gran parte son deshonestos, corruptos y apegados al poder) están ciegos ante los gravísimos problemas que amenazan a la raza humana y torpe e inconscientemente están obedeciendo las consignas de alguien que quiere destruir a la humanidad o convertirla en esclava.

❖ La mayoría de los ovnílogos están molestos porque las grandes autoridades no dicen la verdad sobre la presencia de estos seres entre nosotros, mientras que otros creen que está ya cercano el momento en que no tendrán más remedio que hacerlo. Pero pregunto: cuando hablen, ¿nos dirán toda la verdad? ¿Y qué vamos a hacer el día que lo digan? ¿Empezaremos entonces a preocuparnos por cuáles puedan ser las intenciones de estos seres o visitantes del Cosmos? ¿No será ya demasiado tarde?

❖ Si están entre nosotros, si son más inteligentes que nosotros y si nosotros somos hechura de ellos, lo lógico es pensar que nos han estado manipulado y que nos seguirán manipulando de alguna manera, al igual que los humanos más evolucionados han manipulado y usado de mil maneras a los pueblos menos evolucionados. Por eso, ¿no sería conveniente que comenzásemos desde ahora a tratar de averiguar cuáles son sus intenciones para canalizarlas en nuestro provecho o para defendernos de ellas en caso de que nos sean contrarias? **Pienso que esto es mucho más importante que seguir presentando nuevos casos, seguir pasmándonos ante su errática manera de actuar o mostrar nuestro enfado ante el silencio de las autoridades.**

❖ Si la humanidad cayese por fin en la cuenta de que ha venido siendo engañada y usada durante milenios, ¿no sería esto una gran noticia para que por fin despertásemos y comenzásemos a prescindir de falsos valores que en el pasado hemos considerado como fundamentales o sagrados (patrias, razas, religiones, lenguas), pero que a la larga no han hecho más que fomentar guerras, injusticias y divisiones, y comenzásemos a cambiar la horrenda historia humana en una mucho más racional y justa? ¿No han sido estos «valores sagrados» una estrategia manipulada por estas inteligencias para tenernos entretenidos y para que no cayésemos en la cuenta de que éramos unos esclavos?

Lógicamente, estas ideas chocan con las enseñanzas del cristianismo y con su ingenua idea de Dios (el inaceptable Yahvé del Pentateuco), pero no chocan con la idea de un Dios muy superior, inconcebible por nuestra pequeña inteligencia.

LOS OVNIS EN EL 2012

Ya apenas se habla de ovnis. ¿Fue todo una moda pasajera? Ni mucho menos.

Es cierto que en España se habla poco, debido sobre todo a la discreta censura de los periódicos, y se publica menos, ya que las editoriales son muy reacias a publicar cosas relacionadas con los ovnis. Pero de países como México, Brasil, Rusia o Nueva Zelanda han llegado estos mismos días en los que estoy redactando este texto avistamientos masivos de naves de gran tamaño contempladas durante horas por miles de personas o fantásticas luces en el cielo inexplicables para los astrónomos. La razón de este aparente silencio es doble:

1. Es el resultado de una silenciosa campaña multimillonaria y enormemente inteligente (ideada por los *think tanks*[9] humanos y ultrahumanos de los que más tarde hablaremos) para que la humanidad no se entere de que sigue habiendo innumerables avistamientos todos los días en el mundo.

---

[9] Término inglés que comúnmente se usa para definir a personas con vinculaciones ideológicas fuertes (en cuanto a temas como política, economía, asuntos militares, etc.) y que suelen influenciar en la sociedad.

2. Porque el estudio del fenómeno ha entrado en otros niveles mucho más profundos y su admisión y comprensión se ha hecho muy difícil no solo para las masas sino también para los científicos. En las páginas que siguen iremos desgranando muchas de las ideas que hasta aquí hemos expuesto superficialmente.

Hay ovnílogos que todavía siguen investigando casos con la finalidad de convencer a la gente y a las autoridades científicas de que los ovnis son una realidad. Ese fue un primer paso en la ovnilogía, y su resultado después de más de sesenta años de investigaciones es la **certeza de que en este planeta hay otros seres inteligentes que no son humanos**. Pero ese paso ya ha quedado atrás. Por eso es muy triste que, en congresos importantes, famosos «ufólogos» sigan todavía insistiendo en la presentación de casos y en el interés por convencer a las autoridades civiles y científicas, cuando la verdad es que ninguna de las dos quiere prestarles oídos. Las primeras porque están muy entretenidas politiqueando o porque tienen órdenes «superiores» de no tratar el tema; y las segundas por puro amor propio y cerrazón mental, porque los hechos del fenómeno ovni van contra sus «dogmas» científicos, que ellos creen inmutables.

Y es igualmente triste ver cómo investigadores serios se han dejado acomplejar por las afirmaciones de los científicos de que no hay pruebas de la realidad del fenómeno, y lo repiten muy convencidos, cuando la realidad es que hay más pruebas de la presencia de los ovnis entre nosotros que de muchos postulados de la ciencia oficial.

El nivel en el que actualmente se encuentra la ovnilogía avanzada es el de **averiguar cuáles son las intenciones de**

esos seres (vengan o no vengan en ovnis) y ver qué es lo que, de una manera muy disimulada, están haciendo en nuestro planeta.

Como su manera de actuar es tan diversa, extraña y contradictoria, se corre el peligro —en el que muchos investigadores han caído— de entusiasmarse en el seguimiento de un caso, sin caer en la cuenta de que ese caso es solo un mínimo episodio en medio de un fenómeno mucho más vasto, cuando no una trampa para mantener entretenidos y engañados a los ovnílogos. Estos no caen en la cuenta de que el fenómeno ha seguido activo y evolucionando, y en la actualidad, por ser su actividad más profunda, se echa de menos ver ovnis, pero el fenómeno es mucho más radical.

Los investigadores del fenómeno se encuentran divididos en dos grandes grupos. Por una parte están los que piensan que las actividades de estos seres extrahumanos son beneficiosas para la humanidad; por otro lado, los que creen que son negativas. En los primeros, los autores más conocidos dentro del mundo angloparlante son John Mack y, en cierta manera, Michael Wolf (ambos muertos en extrañas circunstancias), Steven M. Greer, Richard Boylan y Whitley Strieber (quienes han sufrido atentados en repetidas ocasiones). Entre los del segundo grupo tenemos a Karla Turner (muerta también en más que extrañas circunstancias), Barbara Bartholic, James Bartley, Colleen Johnston, David Icke, David Jacobs y el durante muchos años director de la *Flying Saucer Review* de Londres Gordon Creighton (ya fallecido), que según él mismo me confesó, había sido atacado por *ellos*.

Los del primer grupo, y no pocos de los «contactados» que conocemos, sostienen que la presencia de estos seres es para ayudarnos a evolucionar, tanto espiritual como materialmente, y para evitar que sigamos destruyendo nuestro planeta, que ellos consideran también suyo. Los del segundo grupo dicen que, en la práctica, la influencia de estos seres es y ha sido siempre enormemente negativa para la humanidad.

Naturalmente que hay muchos matices en lo que cada uno de estos autores sostiene. Por ejemplo, Steven M. Greer, a pesar de que defiende la positividad de estos seres, dice (y lo prueba en abundancia en su libro *Hidden Truth. Forbidden Knowledge*) que tras las autoridades oficiales (en Estados Unidos), y formando parte de ellas, existe un **selectísimo grupo** de personas de un enorme poder económico (con ramificaciones en todo el mundo y en todas las clases sociales) que hacen toda suerte de maldades para mantener su poder y su riqueza, sin respetar ningún tipo de ley y ni siquiera la vida humana. (Según varios autores, el presidente Kennedy firmó su sentencia de muerte el día que pronunció su famoso discurso a la prensa en el que, sin nombrarlo, pidió ayuda a los periodistas para desenmascarar a este contubernio secreto).

Aparte de esto, según Greer, uno de sus principales intereses es que la humanidad siga creyendo que la presencia de seres extrahumanos en nuestro planeta no es real, cosa que hasta ahora, de una manera general, han conseguido. Las autoridades oficiales conocen la existencia de este contubernio (o *cabal*, como suelen denominarlo en inglés), pero le tienen un gran temor y no se atreven a actuar contra él: conocen su inmenso poder y por experiencia saben que peligra la vida de cualquier persona de renombre, por muy importante que sea, que se atreva a actuar contra ellos. Podría dar más de una treintena de nombres de individuos famosos que han muerto asesinados o en circunstancias muy extrañas después de haber manifestado su interés por el esclarecimiento de la preocupante realidad que hay detrás del fenómeno de los ovnis. Uno de los ejemplos más llamativos es el del almirante Forrestal, que «se suicidó» tirándose del piso 16 del hospital en que lo habían recluido. Su esposa nunca admitió la versión oficial.

Como muestra del enorme poder de estos *cabals* sobre los medios de comunicación para encubrir las noticias que los perjudican, el lector seguramente desconoce que para que no se esclareciesen los muy turbios asuntos directamente relacionados con el matrimonio Clinton —ambos siniestros— murieron no menos de ochenta personas de maneras muy sospechosas.

Este *cabal* es una mezcla selecta de importantes banqueros, militares, industriales, políticos, personas de la nobleza y alta mafia multimillonaria que tienen un pie en la oficialidad y otro en la clandestinidad y un pie en lo terrestre y otro en lo «extraterrestre». Posteriormente profundizaremos más en esto.

Yo estoy de acuerdo con Steven M. Greer en cuanto a sus ideas sobre el *cabal* y a su enorme poder, pero discrepo mucho de él en cuanto a que la presencia de seres extrahumanos entre nosotros sea beneficiosa tal y como se está dando en la actualidad.

En el segundo grupo de investigadores estamos los que pensamos que la actuación de ciertos extrahumanos está siendo enormemente perniciosa para la sociedad humana. Y aquí es necesario hacer una aclaración para que no se piense que todos los extrahumanos son poco más o menos iguales, porque la verdad es que difieren mucho en sus orígenes, en sus actividades, en sus capacidades, en sus maneras de manifestarse y en sus intenciones. Hoy sabemos que hay abiertas hostilidades entre ellos porque algunos sí nos quieren ayudar, aunque intervienen mucho menos con la raza humana. Pero la triste realidad es que los que están más en contacto con las altas autoridades mundiales y sobre todo con los que constituyen la esencia del reducido grupo que Bramley y otros autores llaman «la Hermandad» o «la Familia» son increíblemente hostiles. Su hostilidad no es solo individual o de tipo físico sino profunda; abarca a toda la raza humana y no se reduce a nuestra época sino que se ha mantenido a lo largo del tiempo. Estos seres son los que los del segundo grupo llamamos genéricamente «reptilianos» o «draconianos», y de ellos hablaremos posteriormente.

Como tecnológicamente son mucho más avanzados que nosotros, sus actuaciones nos pasan y nos han pasado siempre inadvertidas. Y es que la raza humana viene padeciendo su presencia desde siempre, aunque es ahora, con el despertar de la conciencia, cuando nos empezamos a dar cuenta de cómo hemos sido dominados y manipulados por estas inteligencias a lo largo de los siglos.

Entre los del segundo grupo hay que hacer también distinciones; desde las extremas aseveraciones «reptilianas» de James Bartley, Franz Erdl, Mark Phillips Fritz Springmeier, David Icke y otros, hasta las más asumibles de investigadores como Karla Turner, David Jacobs, Marianne Friedman, Barbara Bartholic, Eve Lorgen o Colleen Johnston.

En la ovnilogía de este nivel ya se deja atrás la admiración de los primeros tiempos, cuando nos pasmábamos ante las maniobras y las capacidades físicas de aquellos desconocidos aparatos y de sus tripulantes y de su extraña manera de actuar. En este nivel, al asomarnos a otras dimensiones del Cosmos, nos asombramos mucho más ante sus otras capacidades también físicas pero ya de un orden ultradimensional, pero sobre todo ante sus capacidades psíquicas. Entre las primeras están sus posibilidades para la clonación, para su desplazamiento «no local», para crear nuevas formas de vida o para materializarse y desmaterializarse demostrando con ello un dominio total sobre la materia; y entre sus capacidades psíquicas, aparte de su gran dominio sobre la psique humana, su capacidad de interferir en el contenido del cerebro de una persona, borrarle todas sus ideas e implantarle otras completamente ajenas a él.

Cuando uno se adentra en la interioridad del fenómeno llega a límites en los que no solo se bordea la credibilidad de los hechos sino la propia capacidad de la mente humana para comprenderlos. Por ejemplo, cuando nos encontramos con su facultad para manejar el tiempo y el espacio, dos jaulas en las que los humanos nos hallamos presos. (Sin embargo, diremos de paso que, a juzgar por lo que sabemos del experimento de Filadelfia, y si es que hay algo de verdad en lo que nos cuentan personas como Andrew Basiago, tanto rusos como norteamericanos están haciendo pruebas en esta dirección).

A todo esto hay que añadir que todas estas cualidades y capacidades suprahumanas pueden convertirse en humanas, pues muchos de los contactados, abducidos, implantados, milabs[10], monarchs[11] o múltiples han experimentado o más bien padecido todas estas experiencias y han sido capaces de reproducir temporalmente muchas de ellas con la interesada

[10] De las palabras en inglés «Mind Control Militar and Alien Abduction».

[11] Del proyecto Monarch (monarca, nombre en inglés de una clase de mariposa), dedicado a la programación mental.

ayuda de los extrahumanos. Hace años que los muy discutidos Al Bielek, David Cameron, Preston Nichols y Steward Swerdlow —aunque muy probablemente mezclando lo verdadero con lo dudoso— nos hablaron de estas mismas cosas en los extrañísimos experimentos de Montauk. El lector que quiera profundizar en esto haría bien en leer el libro *The Mars Records*, de Stephanie Relfe, que podrá descargar gratis en internet.

La conclusión de todo esto es que **la humanidad está en un momento crítico en su milenaria historia.** Después de haber pasado miles de años en una especie de infancia intelectual, creyendo en los «dioses» de las diversas religiones, hemos despertado y caído en la cuenta de que **aquellos «dioses» son los mismos personajes que en la actualidad estamos viendo surcar los cielos** en unas misteriosas naves, dibujando complicadísimas y preciosas figuras encima de las cosechas de nuestros campos, presentándose en forma de apariciones religiosas o introduciéndose sin haber sido invitados en nuestros domicilios. Pero ahora ya no nos pueden engañar pidiéndonos adoración y diciendo que son dioses o espíritus. Y no solo eso, sino que también hemos caído en la cuenta de que nuestras mentes han sido desde siempre totalmente manejadas por ellos porque nos consideran su rebaño. Nos manipulan y nos usan de mil maneras, al igual que nosotros usamos a los animales «inferiores», por mucho que nuestro amor propio se resista a creerlo.

Es cierto que esta manipulación ha existido siempre, pero en este último siglo, y especialmente en los últimos sesenta o setenta años, debido a los modernísimos instrumentos que estas malvadas inteligencias han puesto en nuestras manos —auténticos juguetes envenenados para los que la humanidad no estaban preparada—, hemos entrado en un estado de agitación y alienación suicida que nos está llevando a toda velocidad a una etapa donde la convivencia entre los pueblos va a ser mucho más difícil.

En las páginas siguientes vamos a ir profundizando en muchas de las aseveraciones que de pasada hemos ido enunciando hasta ahora.

V

OVNIS Y AUTORIDADES

Comprendo que todas estas ideas son ácido sulfúrico para las creencias religiosas de muchos e inadmisibles para los esquemas mentales de los llamados intelectuales. Por supuesto que son también «anticientíficas», pero lo tremendo es que son reales, porque la ciencia, en este particular, es «antirreal». Yo tardé años en convencerme de su realidad, y el día en que debido a experiencias personales me convencí se me derrumbaron la mayor parte de las creencias fundamentales por las que hasta entonces me había regido. Mi sólida formación y vida jesuítica se vino abajo después de treinta años y mis esquemas mentales cambiaron radicalmente. *Amicus Plato, sed magis amica veritas.*

El dios del Antiguo Testamento, que nunca me había inspirado mucha simpatía a juzgar por sus mezquinas actuaciones en el Pentateuco y por cómo traicionó a «su pueblo», se me empequeñeció aún más y pasó a ser otro de esos seres misteriosos que desde el comienzo de la humanidad nos han estado vigilando, controlando y engañando, y que en la actualidad se están dejando ver a bordo de misteriosas naves.

Con el paso de los años, y a medida que hemos ido conociendo mejor las maneras de actuar de muchos de estos visitantes, las hemos comparado con las del Yahvé de la Biblia y nos hemos encontrado con que son muy parecidas e incluso iguales en muchos —y extraños— aspectos. Por ejemplo, en la importancia que le otorgan a ese misterioso líquido llamado sangre —tanto de animales como de humanos—, en el fomento del dolor y del sacrificio, en mantenernos acomplejados con futuras catástrofes o castigos, en el ritualismo, en la manera de aparecerse o presentarse —Yahvé se presentaba también en un vehículo aéreo—, en encapricharse con un pueblo o con una persona y ser inmisericordes con el resto, en la falsedad de las promesas a sus elegidos, en el poco respeto que le tienen a la vida humana...

En la actualidad, al ver sus maravillosos vehículos, ya no caemos en la infantilidad, como hicieron los pueblos de la antigüedad, de creer que son «dioses». Más bien los imaginamos como astronautas de otros mundos del Cosmos. Durante los años 50 y 60 del siglo pasado todos creíamos que eran los buenos hermanos del espacio que venían a ayudarnos, pero a través de sus actuaciones, y a pesar de su intento por disimular, pronto empezamos a ver que en su intromisión en las vidas de los humanos las acciones negativas predominaban con creces sobre las positivas.

Pero volvamos a la pregunta inicial de este trabajo: ¿tienen alguna relación estos seres con el mal y con el caos que reinan en el mundo? La respuesta es: por supuesto que sí.

Tal como dijimos páginas atrás, los causantes inmediatos de las muchas calamidades que padece la humanidad son las propias autoridades humanas. Pero aquí tendremos que hacer una gran distinción entre las conocidas autoridades locales o nacionales de los diversos pueblos y las supremas y desconocidas autoridades del mundo —las verdaderas—, también humanas, que no son las que aparecen en los periódicos sino las que desde las sombras dirigen las **Instituciones Supranacionales** (ONU, OTAN, FMI, BM, FAO, UNICEF, UNESCO, etc.), y controlan también los **grandes medios de comunicación**. Los jefes de las diversas naciones danzan, de forma más o menos consciente, al ritmo que se les ordena y ponen su propia corrupción al servicio de este grupo de señores de las tinieblas que, dicho sea de paso, fueron quienes previamente los escogieron y los colocaron en puestos de mando.

Si hasta aquí no has rechazado estas ideas, prepárate a dar un salto más audaz, porque nos vamos a adentrar en las dimensiones extrahumanas en nuestro propio mundo. Un salto audaz, pero no basado en lucubraciones sino en miles de hechos. Hechos de los que yo mismo he sido testigo en unas cuantas ocasiones.

Este pequeño grupo de autoridades humanas en las sombras no solo conoce la existencia de estos seres extrahumanos que nos controlan sino que desde hace muchos años está en estrecha comunicación y colaboración con ellos. Esto no es una conjetura sino un hecho totalmente cierto. Y por desgracia, de las muchas «razas» extrahumanas con las que podrían haber conectado, se han entendido con las más negativas, cuyo único fin es aprovecharse de los humanos y mantenerlos a su servicio. Como la inteligencia de estos seres extrahumanos es enormemente superior a la nuestra, no solo han engañado a estas ocultas y corruptas autoridades humanas en cuanto a la malignidad de sus intenciones, sino que les han contagiado su perversidad.

A las autoridades humanas —a las públicas y a las que están en la sombra— lo único que les importa es su propio bienestar y el de la sociedad inmediata de su entorno. Por eso no han tenido inconveniente en abusar de todos los pueblos y en no liberarlos de los muchos males que les afligen, propiciando incluso guerras entre ellos para sus propios intereses. En cambio, a los suprahumanos señores de la granja, el dolor humano y el caos de nuestra sociedad les interesan por otras razones mucho más profundas y más difíciles de comprender.

Tras muchos años hemos llegado a la inquietante conclusión de que las más poderosas de estas inteligencias suprahumanas que han contactado con las corruptas autoridades del planeta se nutren de las sutiles energías de nuestro psiquismo, de nuestras emociones, de nuestros sentimientos, de nuestros odios y sobre todo de nuestros miedos, aparte de otras energías más materiales que pueden conseguir en nuestro mundo. Con el sufrimiento y la excitación, nuestras almas producen automáticamente el tipo de sutiles energías que ellos buscan, mucho más que cuando estamos tranquilos y en paz. **Esta es la razón de tantas guerras, de tanta injusticia y de tanto sufrimiento que siempre ha existido en las sociedades humanas durante todos los tiempos.** En nuestros días, la última estrategia de estos seres es la globalización de la mayoría de las actividades humanas, y especialmente del deporte organizado, con la enorme influencia que este ejerce sobre las mentes de millones de seres, y el irracional y furioso fanatismo que genera en el mundo entero con las enormes pasiones que desencadena. Un estadio abarrotado de cerebros angustiados o furiosos es una enorme batería psíquica que nos recuerda al «aroma reconfortante» que se desprendía de las bestias sacrificadas y de los ríos de sangre que el «dios» Yahvé le exigía a su «pueblo escogido». Los domingos por la tarde el planeta entero se convierte en una gigantesca fuente de energía para estos depredadores del Cosmos.

Para llevar a cabo sus estrategias, los extrahumanos dueños de la granja cuentan con la colaboración de las supremas autoridades humanas —las públicas y las que están en la sombra— que dirigen a las naciones más desarrolladas. Primero les corrompen el alma privándolas de valores humanos fundamentales, y luego las aúpan y las encaraman en los puestos más decisivos en el gobierno mundial para que, en vez de poner remedio a los muchos males que aquejan a la humanidad, se dediquen a sus propios intereses y no se preocupen por remediar los males del mundo. Esta es la profunda razón de que en la primera parte de este libro mencionáramos a tantos corruptos y cínicos indeseables al frente de las naciones. La espantosa historia humana lleva el sello de la constante intromisión de estos malévolos seres extrahumanos en las mentes de los grandes líderes de la humanidad en todos los tiempos.

Por otra parte, las contradictorias religiones que a lo largo de los milenios estas inteligencias extrahumanas han ido inculcando en el alma de los humanos —valiéndose de individuos especialmente preparados por ellos— han sido una de las grandes estrategias que han usado para tenernos engañados y peleándonos constantemente entre nosotros por las diversas maneras de adorar y obedecer a los falsos dioses que ellos nos presentaban.

Sin embargo, confieso que tengo dudas de hasta qué punto la influencia de estas malignas inteligencias es eficaz en cuanto a la maldad que anida en el fondo del alma de todos los humanos. En el cristianismo se dice que el Demonio —que es el nombre que en la fe cristiana se le da a una de estas inteligencias malignas— está siempre tentándonos hacia el mal. Conocemos muchos casos de personas que han sido contactadas por estos seres «extraterrestres» que afirman haberse visto impulsadas a cometer delitos, y uno de ellos es el suicidio. La enorme cantidad de suicidios que se cometen en el mundo —mucho mayor de lo que la gente cree—, las inexplicables matanzas en escuelas y lugares públicos que leemos en los periódicos y la abundancia de terroristas suicidas pueden deberse en parte a eso. De hecho, numerosos contactados que han cometido alguna de estas matanzas inexplicables o que se han quitado la vida dijeron haber sido inducidos a ello por estas inteligencias malignas que ellos identificaban con «Dios». Como dato ilustrativo, diremos que en el mundo hay anualmente alrededor de un millón de suicidios, siendo Japón el país que se lleva la palma, ya que allí se suicidan entre ochenta y cien personas diariamente. En España, en el año 2009, el número de suicidios —alrededor de nueve diarios— superó por primera vez al número de muertos en la carretera.

La debilidad que todos tenemos ante las tentaciones, especialmente ante el dinero, el sexo y el poder, ¿es debida a la influencia de estas entidades? Me inclino a creer que sí. ¿Por qué existen estas malvadas inteligencias? No lo sé. Sin embargo, creo que en el fondo de las creencias religiosas, consideradas globalmente, y muy especialmente en el cristianismo, hay un atisbo de la solución de este enorme enigma. Me refiero al dualismo o a la lucha entre el bien y el mal que vemos en las grandes religiones, una lucha llevada a cabo por seres concretos que no por el hecho de que no pertenezcan a nuestro mundo físico dejan de tener una realidad tan verdadera como la nuestra.

Reconozco que estas ideas no son fáciles de aceptar. El lector que se considere intelectual y tenga una formación científica (que es deformación o positiva ignorancia en cuanto al mundo de lo intangible e inmensurable) pensará que este es un capítulo más de la jerga teológica que muchos alucinados han elaborado a lo largo de los siglos. Cuando cierren definitivamente los ojos, se convencerán de que estaban equivocados. Los que sean creyentes tendrán una fuerte inclinación a rechazar lo que aquí han leído (si han llegado hasta aquí), porque sentirán que estas ideas les dejan un vacío en el alma. El fiel cristiano se sentirá como un huérfano del Cosmos al perder la idea de un Dios Padre que lo espera después de la muerte y al sentirse a merced de estas misteriosas y malvadas inteligencias.

Para responder a esta inquietud haré dos consideraciones. Primero hay que tener en cuenta que, como dijimos antes, no todos estos seres son malignos, y después de nuestra muerte no tendrán poder alguno sobre nuestras almas, porque ellos, aunque muchísimo más longevos, también mueren y están en camino como nosotros. Hay seres positivos que nos quieren ayudar, pero su intromisión en nuestras vidas es mucho menor, y da la impresión de que obedecen a la consigna de no interferir en nuestra evolución. Sin embargo, esta ayuda de los seres positivos se facilitará mucho si nuestros pensamientos son buenos y si en nuestras vidas tratamos de evitar el mal y de ayudar a nuestros semejantes. Por el contrario, estaremos mucho más expuestos a la influencia de los negativos si somos egoístas y no actuamos de acuerdo a lo que nos dice nuestra conciencia. El hecho de ser siempre fieles a ella nos hará progresar espiritualmente, al mismo tiempo que usar nuestra inteligencia nos servirá para no dejarnos manipular por autoridades humanas o extrahumanas. Ayudó también mucho a tranquilizarme el cambiar mi idea de un Dios mezquino (el Dios del Pentateuco) por la de una Inteligencia Benévola y Gigante, totalmente incomprensible para nuestro cerebro, pero que a fin de cuentas nos dará un Más Allá feliz en el que todos seremos una parte consciente del Universo.

Todo lo dicho hasta aquí puede parecer pura especulación, pero está basado en miles de testimonios muy bien conocidos y de hechos, algunos experimentados por mí. Y como el lector habrá podido ver, todo lo dicho no solo tiene relación con el denostado y despreciado fenómeno ovni sino que constituye su esencia profunda. Sin embargo, creo que al lector le gustaría saber por qué estamos tan seguros de lo que decimos, cuando la ciencia no solo no se ha pronunciado con claridad sobre los ovnis sino más bien los ha considerado algo imaginario, y cómo hemos llegado a conocer tantos detalles sobre los orígenes y las actividades de estas inteligencias y de su relación con las supremas autoridades humanas.

Ahondemos en ello.

VI

ACTIVIDADES DE LOS OVNIS

El hecho de que en la actualidad haya todavía mucha gente que dude de la realidad del fenómeno ovni, o dicho en otras palabras, desconozca que en nuestro planeta hay otros seres inteligentes que no son humanos, puede deberse a varias causas. La primera y más corriente es el haberse dejado engañar por los grandes medios de comunicación que de manera sutil o incluso abierta han repetido que los ovnis no existen. Entre los científicos e intelectuales, aparte de la soberbia mental de la que ya hablamos, es muy posible que se deba al temor de que sus amigos puedan considerarlos demasiado crédulos (aunque luego ellos en secreto estén interesados en el tema). Algunos científicos de renombre que conocían perfectamente la realidad de los hechos se han prestado y se siguen prestando vilmente a colaborar con las autoridades en la mentira del encubrimiento. Entre ellos, el más conocido, como ya dijimos, fue Carl Sagan, que años antes de su muerte conoció perfectamente la realidad de los hechos y calló por intereses personales. El astrónomo Allen Hynek también colaboró activamente con las autoridades desmintiendo o «explicando científicamente» muchos avistamientos mientras estuvo al frente del proyecto Blue Book, pero posteriormente su conciencia y su dignidad profesional le obligaron a decir la verdad y a desenmascarar las mentiras oficiales. En alguna ocasión comenté con él esta ambigua postura y hasta me atreví a reprochársela. Su muerte, cómo no, estuvo rodeada de extrañas circunstancias.

Entre los sinceros creyentes religiosos, la causa de su rechazo o incredulidad puede deberse a un miedo a ser infieles a su fe, porque la creencia en tales seres pone en duda muchos aspectos fundamentales de sus creencias. Y otra causa muy común es una pura cerrazón mental o un rechazo hacia todo lo que se desconoce.

Sin embargo, hay que tener muy presente que detrás y en el fondo de la ignorancia de un hecho de tan enorme trascendencia para la historia de la humanidad está la estrategia de los grandes líderes de las naciones que no quieren que la gente sepa que ellos no son más que los muñecos de otros seres más poderosos, y sobre todo está la inteligentísima y oculta mano de los suprahumanos que muy sutilmente y detrás de bastidores han dirigido siempre a esta pobre grey de semirracionales que poblamos la Tierra. Ellos son los que menos desean que caigamos en la cuenta de su presencia.

Por desgracia, y debido a una estrategia de los tripulantes de estos misteriosos aparatos que vemos en los cielos, los ingenuos ufólogos han estado entretenidos en la variadísima casuística de apariciones, contactos y abducciones de todo tipo y no han sabido que se trata de una treta para que no descubramos la tremenda realidad y el enorme misterio que hay detrás de todo el fenómeno de los ovnis, un misterio que nos acerca a otros posibles niveles de existencia, a la vida después de la vida, al origen y la dinámica del Universo y en definitiva a ese enorme misterio que todos los pueblos han llamado desde siempre «Dios».

La casuística en torno a los ovnis, es decir, sus avistamientos y manifestaciones, es prácticamente infinita y variadísima, y de sus actividades tenemos innumerables testimonios y pruebas que podrían ser válidas en cualquier tribunal de justicia, por más que los científicos y la prensa sigan repitiendo neciamente que no hay pruebas concluyentes.

Como la casuística es un tema que ha sido repetido y exhaustivamente tratado en las publicaciones de muchos investigadores, lo trataremos de una manera muy ligera, pues el que esté interesado podrá encontrar muchos libros sobre las actividades de estos intrusos del espacio. Hace bastantes años publiqué un librito titulado *Biografía del fenómeno ovni* en el que hacía una breve historia de cómo había sido la gradación de las manifestaciones y actividades de los ovnis en los últimos setenta años, cuando comenzaron a dejarse ver de una manera más descarada. Allí establecía una especie de etapas mediante las cuales poco a poco fuimos adentrándonos en el conocimiento del fenómeno.

Aunque ya antes de la década de los 40 del siglo pasado se habían producido avistamientos y manifestaciones que fueron consignados en los periódicos y revistas de la época, fue en el año 1947 cuando se produjo en California el primer avistamiento que tuvo una repercusión internacional. Antes de esta fecha, los nazis alemanes ya habían tenido contacto con los ovnis, y con su ayuda iniciaron la fabricación de aparatos de forma lenticular en los que se desafiaba la fuerza de la gravedad, pero nunca llegaron a perfeccionarlos. En la actualidad tenemos ya una abundante información sobre toda esta aventura de los nazis, que trataron de mantener en secreto. Pero fue a raíz del avistamiento de Kenneth Arnold en California, en 1947, cuando surgió una pléyade de investigadores que hicieron que mucha gente cayese en la cuenta del extraño fenómeno que estaba sucediendo en nuestros cielos y también a nivel del suelo.

De una manera un tanto libre, la gradación con la que se nos fueron haciendo presentes fue la siguiente:

❖ Luces nocturnas en el aire.
❖ Avistamientos a plena luz del día.
❖ Aterrizajes.
❖ Contactos mentales y físicos con individuos particulares.
❖ Contactos secretos con las autoridades de algún país.
❖ Abducciones de personas.
❖ Experiencias biológicas, a veces muy dolorosas, realizadas en algunas abducciones.
❖ Algunos abducidos regresaban con implantes.
❖ Rapto de seres humanos que nunca regresaban.
❖ Mutilaciones y muertes de animales en las granjas (un rasgo común en estas muertes es el total desangramiento del animal).
❖ Comportamiento a menudo muy hostil por parte de los tripulantes de los ovnis.
❖ Estrellamientos de ovnis que son conservados en bases militares. Yo mismo soy testigo de uno de ellos.

- ❖ Descubrimiento de cadáveres humanos desmembrados en los ovnis estrellados.
- ❖ Muchos cadáveres de *grises* después de los estrellamientos.
- ❖ *Grises* que sobrevivieron a los estrellamientos y que vivieron durante un tiempo.
- ❖ Individuos extraterrestres de apariencia humana conviviendo entre nosotros (llamados «infiltrados» en ovnilogía).
- ❖ Tecnología superavanzada que nosotros hemos copiado de los ovnis estrellados.

De todos estos hechos se ha escrito mucho, por lo que no vamos a ahondar demasiado en el tema. Como el propósito de este escrito no es abundar más sobre la vastísima casuística de los ovnis, me limitaré, y solo a modo de ejemplo, a dar un pequeño detalle de lo que conocemos acerca de los estrellamientos, tomado de Bill Cooper, un hombre íntegro y ejemplar que murió asesinado —uno más— por decir la verdad sobre todo lo que hay detrás del fenómeno ovni. Tras su muerte, como es habitual en estos casos, las autoridades dijeron de él que era un psicótico y trataron por todos los medios de desprestigiarlo. He aquí su testimonio basado en documentos que él, debido a su trabajo durante años en una muy importante oficina del gobierno, había tenido la ocasión de ver detenidamente:

Entre enero de 1947 y diciembre de 1952 cayeron o fueron derribados al menos dieciséis ovnis en los que se encontraron sesenta y cinco cadáveres, excepto en un caso en el que se encontró a un alienígena vivo. Aparte de estos casos, hubo otro en que el ovni estalló y no se pudo recobrar nada de él. De estos estrellamientos, trece ocurrieron dentro de las fronteras de los Estados Unidos, pero no el que estalló en el aire. Once de ellos se estrellaron en el estado de Nuevo México, uno en Arizona y otro en Nevada. Los avistamientos se hicieron tan numerosos que la investigación o el desmentido de cada caso se hizo imposible.

El 13 de febrero de 1948 se encontró uno de estos aparatos cerca del pueblo de Aztec, en Nuevo México, y el 25 de marzo del mismo año cayó otro de cien metros de diámetro en el campo de pruebas militar de White Sands. En total se encontraron entre los dos ovnis los cuerpos de diecisiete alienígenas. Pero lo que asustó a las autoridades fue la cantidad de miembros humanos que había en los dos aparatos. Esto despertó en las autoridades una especie de terror paranoico e inmediatamente determinaron que todo lo referente a los ovnis fuese declarado *top secret*, de un nivel superior incluso al del proyecto Manhattan (relacionado con la fabricación de la bomba atómica). A partir de entonces el gobierno ha mantenido en un secreto total todo lo relacionado con los ovnis.

Al alienígena procedente del estrellamiento de Roswell, que se había encontrado vivo vagando por un bosque, se le dio el nombre de EBE. El nombre se lo puso el Dr. Vannevar Bush y era un apócope de *Extraterrestrial Biological Entity*. Pronto se descubrió que EBE tenía una gran tendencia a mentir. Durante un año sus respuestas eran siempre las esperadas, pero cuando se le hacían preguntas cuyas respuestas podrían haber sido conflictivas para él, no contestaba. En el segundo año de su cautividad comenzó a ser más abierto. La información que se obtuvo de él fue en extremo interesante. Todas sus informaciones se reunieron en lo que se llamó el «Libro Amarillo». De EBE se tomaron muchas fotografías que yo pude ver en el proyecto Grudge.

Hacia finales de 1951 EBE enfermó, pero los médicos no fueron capaces de saber cuál era la causa de su mal. Se llamó a muchos especialistas, incluso entomólogos.

El Dr. Guillermo Mendoza, botánico, trató de curarlo, pero el 2 de junio de 1952 EBE murió. La película *E. T.* tiene un cierto paralelo con la historia de EBE.

En 1953 cayeron diez ovnis y en total se encontraron en ellos treinta cuerpos de alienígenas. De ellos, veintiséis estaban muertos, pero había cuatro vivos. Las caídas fueron cuatro en Arizona, dos en Texas, una en Nuevo México, una en Louisiana, una en Montana y otra fuera de Estados Unidos, en Sudáfrica.

Esta es solo una ínfima muestra de las muchas cosas concretas que en la actualidad sabemos de los ovnis y que las autoridades o la megaciencia se empeñan en negar o en ignorar. En su libro de 1991 *Behold a Pale Horse*, Bill Cooper cuenta muchos otros hechos que las autoridades consideraron como una traición, y para que no siguiese despertando a sus conciudadanos decidieron matarlo de una manera muy poco disimulada.

Pero Cooper no ha sido el único «traidor», y muchos otros empleados gubernamentales, cuando se enteraron de todo lo que hay detrás de la presencia de estos seres y de lo que el gobierno oculta, han contado lo que sabían. No pocos de ellos han esperado hasta la hora de la muerte para decirles a sus familiares lo que se habían visto obligados a mantener en secreto toda la vida. Y es que a unos cuantos les ha costado la vida.

Gracias a los que han hablado, poco a poco nos hemos ido enterando de muchas particularidades de todos estos seres, la mayoría de ellos interdimensionales[12]: de sus orígenes, su historia, su tipología, su psicología, sus intenciones y sus limitaciones. Hemos sabido que todos tienen la capacidad de hacerse invisibles a nuestros ojos, que tienen formas muy diferentes porque proceden de lugares y orígenes muy diferentes, que algunos tienen formas animalescas, que los hay que pueden cambiar de forma a voluntad mientras que otros no pueden hacerlo, que hay entre ellos jerarquías de acuerdo a sus poderes y también confederaciones y abiertas hostilidades. Y algo que es más importante: que hay seres extrahumanos positivos, deseosos de ayudarnos, y que también los hay negativos. Pero entre estos últimos tendríamos que hacer una gran distinción: por un lado los que buscan en nuestro planeta lo que a ellos les hace falta, pero que no se consideran enemigos de los humanos, y por otro las dos o tres razas que sienten una gran antipatía contra la especie humana y lo demuestran en las mil maneras con las que desde siempre han martirizado a la humanidad. Por desgracia, estos seres que nos odian son mucho más inteligentes que los que podríamos llamar «neutros» (que en muchos casos son hechura de ellos) y también por desgracia mucho más activos que los que nos quieren ayudar.

Los testigos o víctimas de muchos de estos avistamientos, abducciones, implantes, aterrizajes y muertes de animales (personalmente he visto bastantes animales muertos por los ovnis) se cuentan por millones en todo el mundo, y hoy en día no admitir su testimonio demuestra una cerrazón men-

---

[12] Al decir «interdimensionales» queremos decir que nuestro espacio y nuestro tiempo no les afectan como a nosotros porque ellos pueden saltar de una dimensión a otra.

tal lamentable. Con frecuencia uno oye hablar en plan de broma de los «marcianitos» o de los «hombrecitos verdes», y la realidad en cuanto a las formas de estos seres es que hoy conocemos más de cincuenta especies diferentes de ellos. Anteriormente cité a los *grises* porque es la forma más común de llamarles y también porque es probablemente el color que más abunda entre las diversas razas.

Los hechos que más nos han ayudado a conocer la diferencia de razas o procedencias de nuestros visitantes no son solo las manifestaciones de los contactados sino la abundancia de estrellamientos de ovnis que se ha dado. Hace ya bastantes años, en mi libro *La amenaza extraterrestre*, publiqué una lista de catorce estrellamientos detallando el lugar y el número de *grises* que se habían encontrado en alguno de los aparatos caídos. El investigador norteamericano Michael Salla es uno de los que más ha estudiado la tipología y las actividades de las diversas razas de extraterrestres.

En el último medio siglo han ido sucediendo ciertos hechos que, aunque tenían mucha más importancia que las manifestaciones que anteriormente hemos señalado, hemos tardado años en conocer debido al sigilo con el que fueron llevados a cabo y al interés que las autoridades tuvieron en ocultarlos. El principal de estos hechos fue el contacto oficial y directo que ciertos tripulantes de los ovnis hicieron con las supremas autoridades mundiales. Conocemos bien las reuniones que tuvieron lugar en la década de los 50 del siglo pasado en Estados Unidos (Holloman, Homestead y Muroc) y en Inglaterra (Bentwaters-Rendlesham), aunque seguramente no fueron las únicas. La Alemania nazi tuvo contacto con estos seres y de ellos obtuvieron la tecnología para fabricar sus propios «ovnis», de los que existen fotografías. De los contactos con las autoridades de otros países importantes apenas sabemos nada, porque todo lo referente a los ovnis lo han tenido siempre en un gran secreto.

Conocemos también el acuerdo principal que entonces llevaron a cabo con el gobierno de Estados Unidos siendo presidente Eisenhower y que consistía en que las autoridades permitirían a los extraterrestres tener algunas bases en la Tierra a cambio de que ellos nos entregasen tecnología muy innovadora. En el trato entraba también el permiso para hacer algunas pruebas con un muy reducido número de seres humanos a los que se llevarían, pero que regresarían sin perjudicarlos en nada.

La realidad fue que al poco tiempo el gobierno de Estados Unidos se dio cuenta de que los extraterrestres se estaban llevando un número de personas mucho mayor de lo que se había acordado, y que además el resultado de las abducciones no era nada beneficioso para el abducido. Y por su parte, las autoridades humanas tampoco habían cumplido exactamente con lo tratado. Hasta tal punto llegaron las desavenencias, que en algún caso se llegó a verdaderas batallas con bastantes muertos por ambas partes. El caso más famoso de estas desavenencias fue el de la base de Dulce, en el estado de Nuevo México, donde los *grises* tenían una gran base subterránea de siete niveles. De este episodio, y gracias a Phil Schneider, uno de los supervivientes de la batalla que allí tuvo lugar (pero que fue asesinado poco tiempo después de una manera muy extraña), conocemos muchos detalles.

Otro de los hechos importantes de los que nos hemos ido enterando en los últimos cuarenta años, y que a pesar de contar con un gran número de testigos todavía es puesto en duda por muchos ufólogos famosos pero superficiales, es el de las bases en las que trabajan conjuntamente seres humanos con seres no humanos. En sus grandes bases subterráneas, lo que más abunda son experimentos de tipo genético, porque algunas de estas razas parece que están muy interesadas en lograr una especie de híbrido entre su raza y la nuestra, y las experiencias que llevan a cabo en sus bases son, según algún investigador las ha definido, «las tres ges»: **g**enitales, **g**enéticas y **g**eneracionales (esto último es porque suelen seguirles la pista a través de las generaciones de una misma familia). Da la impresión de que algunas de estas razas están muy interesadas en todo lo que se refiere a la procreación de la raza humana, porque parece que ellos tienen serias dificultades con su propia procreación. Soy amigo de una mujer que ha estado en una de estas bases, en la que ha visto gran cantidad de criaturas en unos cajoncitos. Y no solo eso, sino que a ella misma le extrajeron un óvulo que enseguida le volvieron a implantar y del que nació una niña muy bella que tiene un aspecto totalmente humano. Conozco también el caso de otra bella mujer a cuya madre le extrajeron y posteriormente devolvieron un óvulo, y ella, el resultado de aquel óvulo «tratado», tiene muy poco parecido con sus otros hermanos y hermanas. La ovnilogía de avanzada conoce muchas historias «increíbles» como estas, pero se da cuenta de que por extrañas que sean son solo un capítulo más en el enorme problema que el fenómeno ovni supone para la humanidad, y al mismo tiempo también se da cuenta de por qué las supremas autoridades, las visibles y las invisibles, impiden tan tenazmente que la humanidad se entere de tan tremenda realidad.

Hoy también sabemos que algunas de las razas que ordinariamente caen bajo la calificación de «extraterrestres» no lo son en absoluto; de hecho, son más terrestres que nosotros, puesto que estaban aquí antes de que la actual raza humana poblase el planeta. Y digo actual raza humana porque hoy en día sabemos, y no por lo que nos haya dicho ningún contactado o iluminado sino por los hallazgos de historiadores, arqueólogos y paleontólogos independientes (ordinariamente silenciados por la ciencia oficial), que en nuestro planeta, a lo largo de muchos millones de años, han habitado diferentes razas de humanos o humanoides más o menos inteligentes. El que quiera profundizar sobre esto puede leer el libro *Forbidden Archeology*, de Michael A. Cremo y Richard L. Thompson.

Pero también parece cierto, aunque no tengamos una seguridad absoluta de ello, que algunos de estos seres extrahumanos llegaron posteriormente y en muy diferentes épocas y tuvieron enfrentamientos con los que ya llevaban aquí millones de años y se consideraban dueños del planeta. Aunque muchos lo duden, lo cierto es que de estos hechos tenemos testimonios escritos muy antiguos en piedra y en arcilla que nos hablan claramente de la presencia de estos mismos seres, que viajaban también en vehículos extraños, aunque en aquel tiempo bajo el disfraz de «dioses». Y aparte de estos documentos pétreos, tenemos estupendas e inexplicables construcciones —sobre todo subterráneas— que, aparte de llenarnos de admiración, nos dan la seguridad de que en este planeta vivieron otros seres inteligentes antes que nosotros. Más tarde volveremos sobre este tema.

Para terminar este capítulo, transcribiré lo que Karla Turner y Barbara Bartholic dicen de algunas de las increíbles y temibles capacidades de los seres que en nuestros días pilotan la mayoría de los platillos volantes (digo la mayoría porque algunos ovnis son de fabricación humana con una tecnología que hemos copiado de los muchos ovnis estrellados). Muchas de estas experiencias las padeció Karla en sus propias carnes, hasta que la hicieron perecer por rebelarse contra los que la querían dominar:

Pueden hacer desaparecer un coche de la carretera sin que los demás coches se den cuenta.

Pueden penetrar en la mente cuando les plazca.

Pueden entrar sin problema en una vivienda o habitación tanto de día como de noche.

Pueden interferir con un infante cuando aún está en el seno materno.

Pueden abducir a un niño de la cuna sin que se sepa cuándo.

Pueden interferir y cambiar las relaciones entre los humanos, tanto las sociales como las amorosas.

Pueden causar enfermedades.

Pueden causar problemas mentales y generar adicción a las drogas.

Pueden causar guerras y crear generaciones amorales y sin amor.

Conozco muchos de estos hechos y de algunos de ellos he sido testigo directo. A estas capacidades que nos señala Karla Turner se les podrían añadir unas cuantas más, que aunque menos visibles y más a largo plazo, son de mucha más trascendencia.

Las diversas manifestaciones a las que nos hemos referido anteriormente, a pesar de que por ser físicas y verificables atraen mucho más la atención de la gente, son sin embargo mucho menos importantes que las comunicaciones e influencia que han tenido lugar entre las mentes de estos seres extrahumanos y las de las supremas autoridades humanas de todos los tiempos. Por ser invisibles estas relaciones, son mucho más difíciles de detectar, pero por otro lado son de una importancia superior y de unas consecuencias enormemente importantes porque tienen directamente que ver con la historia de la raza humana en el planeta. La directa influencia de estas inteligencias negativas en la mente de las grandes autoridades mundiales es la verdadera y profunda causa del mal que reina en el mundo.

Ahondemos más en esta influencia.

VII

OVNIS Y RELIGIONES
(PARTE 1)

Los dos fenómenos que más nos pueden explicar las profundas causas del Mal en el mundo son las religiones y los ovnis. La relación de las religiones con los ovnis es mucho mayor de lo que creen los autodenominados «ufólogos». **En realidad el fenómeno ovni, considerado en su totalidad, es la explicación que más nos acerca al verdadero origen de todas las religiones actuales. Y viceversa, las religiones, o más bien el fenómeno religioso considerado globalmente, son lo que mejor explica la presencia de estos misteriosos visitantes a los que inocentemente llamamos objetos volantes no identificados. Y entre los dos, podrán decirnos por qué hay tanto dolor y tanta injusticia en el mundo y por qué el ser humano tiene tanta inclinación a la maldad.**

En este capítulo pretendo empalmar o consensuar los fundamentos de todas las religiones, y concretamente los del judeocristianismo, con la presencia de los ovnis en nuestros cielos. Los eclesiásticos y creyentes que dicen que la existencia de estos no interfiere nada con las creencias religiosas no tienen idea de todo lo que hay tras el mundo de los ovnis, pero lo triste es que, aterrorizados por las penas eternas con que su fe los amenaza si son traidores a ella, tampoco tienen idea de lo que hay detrás de sus creencias religiosas. En realidad, la ovnilogía está en la raíz de todas las religiones y en el fondo de la mayor parte de la casuística anormal o paranormal con la que están todavía tan entretenidos tantos ovnílogos, psicólogos, psiquiatras y parapsicólogos. Comprendo que al decir esto hago enemigos, no solo entre los muchos cristianos de vía estrecha sino también en la ciencia oficial y entre los amantes del misterio.

El cristianismo, con su dogma del pecado original y en sus enseñanzas sobre la creación de Adán y Eva y del paraíso terrenal y la serpiente, usando un lenguaje mítico, camina en la buena dirección…, pero se queda a medio camino. La serpiente y el Yahvé del paraíso eran, con otro disfraz, los mismos seres de los que hoy nos habla la ovnilogía moderna y que son los verdaderos dueños de este mundo. En el paraíso, aunque enfrentados, estaban los dos en una tarea muy propia de ellos y que han seguido ejerciendo a lo largo de los siglos: engañar a los humanos haciéndonos creer que nosotros somos los dueños y señores de nuestro planeta, pero que tenemos que obedecer sus órdenes porque ellos son seres superiores o dioses que quieren ayudarnos. En la actualidad, y valiéndose de los medios masivos de comunicación, lo hacen de una manera global y mucho más sutil. El Pentateuco, aunque usa un lenguaje mitológico, se está refiriendo a hechos semejantes a los que hoy estamos contemplando —más bien padeciendo— de una manera real. Lo triste es que, debido a prejuicios sembrados por «la ciencia» y por los grandes medios de comunicación, la gente no quiere investigarlos.

En la escritura cuneiforme de las tablillas de Siria —grabadas entre mil y cinco mil años antes de Cristo—, ya se ven claramente la presencia física y las batallas y rencores entre los diversos «dioses» mesopotámicos y su injerencia en las vidas de los humanos. Y en la propia Biblia, con un ampuloso lenguaje igual al de los contactados de nuestros días, también nos encontramos las «batallas que hay en las alturas» de las que habla el Apocalipsis: «Entonces se entabló una batalla en el cielo. Miguel y sus ángeles combatieron con la serpiente y no hubo en el cielo lugar para ellos. Fue arrojada la gran serpiente, la serpiente antigua, el llamado Diablo o Satanás, el seductor del mundo entero; fue arrojada a la tierra y sus ángeles fueron arrojados con ella… ¡Ay de la tierra y del mar porque el Diablo ha bajado donde vosotros con gran furor, sabiendo que le queda poco tiempo»! (Apocalipsis 12, 12).

Este es un texto fundamental para comprender no solo la relación del cristianismo y de todas las religiones con el misterio de los ovnis sino para comprender igualmente aspectos fundamentales de la vida de los seres humanos sobre el planeta. Esta callada batalla por el dominio del mundo, y en particular por el control de sus habitantes, se sigue dando en la actualidad entre algunas de las entidades benignas y malignas que surcan nuestros cielos en sus misteriosas naves; de ello conocemos testigos. Esta batalla se da igualmente entre los humanos que siguen a «Miguel» y entre los que siguen a «Satán»; entre los que buscan el bien y la justicia y entre los que buscan el mal y desprecian lo que les dice su conciencia.

El Yahvé que se presentaba en el Paraíso como amigo de Adán y Eva era un gran enemigo de la serpiente, y de hecho les dijo que no creyesen en sus mentiras. Pero basándonos también en la propia Biblia, descubrimos que el tal Yahvé era un mentiroso y enemigo de la raza humana, como la propia serpiente. Y lo descubrimos porque vemos cómo fue su conducta, no solo con nuestros «primeros padres», a los que sin misericordia expulsó del paraíso, sino también con su «pueblo escogido», al que defendió siempre muy mal, permitiendo que en realidad se haya convertido en el pueblo más apaleado de la historia. El ecuatoriano David Cangá Corozo, en su muy interesante libro *Desenmascarando a Yahvé*, analiza en profundidad la engañosa personalidad de este falso dios.

Comprendo muy bien que este enfoque negativo del Yahvé del Paraíso hace que esta nueva «teovnilogía» que aquí estoy pergeñando se convierta automáticamente en herética. La gran diferencia entre las teologías de las religiones importantes y esta nueva «teovnilogía» radica en que aquellas están basadas en puras mitologías o en hechos tan lejanos en el tiempo que ya se han distorsionado en gran manera y se han convertido prácticamente en mitológicos, mientras que la teovnilogía se basa en hechos históricos y actuales constatables por todo aquel que quiera investigarlos. Yo creo que la mayoría de las religiones antiguas también están basadas en hechos reales, al igual que sucedió con las creencias del judeocristianismo, pero el paso del tiempo ha distorsionado los hechos, aparte de que el desarrollo intelectual y tecnológico de aquellos pueblos no estaba tan avanzado como en la actualidad y fueron fácilmente engañados por los falsos dioses que se les aparecían.

Admito sin dudarlo que las apariciones de Yahvé, a Abraham primero, y más tarde a Moisés, fueron reales. Y lo admito porque, conocedor como soy de la vastísima fenomenología paranormal —a la que he dedicado buena parte de mi vida— no tengo más remedio que hacerlo si no quiero caer en el cerrilismo de muchos «intelectuales», científicos y pseudocientíficos, negadores de todo lo que desconocen. Pero de aquellas apariciones a Abraham y Moisés a todo el enorme y complicado tinglado dogmático y ritual que a lo largo de los siglos se ha ido formando tanto en el seno del judaísmo como en el del cristianismo hay un gran trecho. Un trecho por otra parte bastante explicable dadas la muchas carencias y defectos de la mente humana y dada la superior inteligencia y perversidad de los «dioses» que nos dominan.

Del islam se puede decir otro tanto. De las instrucciones que el «arcángel» Gabriel le dictó al contactado Mahoma a las *sharias*, *yihads*, burkas, mujaidines, talibanes y místicos suicidas, tan frecuentes hoy entre los seguidores del islam, hay un trecho enorme.

Los sesudos teólogos de las grandes religiones consideran su ciencia algo muy elaborado y fruto de mentes refinadas asistidas por Dios. Y, por supuesto, miran con un compasivo desdén las creencias y ritos semisalvajes de los pueblos primitivos, adoradores de seres demoníacos o imaginarios que ellos dicen que se les aparecían en tiempos remotos en medio de la espesura. Pero los teólogos cristianos se olvidan de que los inicios de sus profundas teologías no son muy diferentes de los de estos primitivos y tienen también sus raíces en otro extraño ser que se aparecía en una «nube» flamígera (no muy diferente de como se nos aparecen los ovnis hoy) y que mandaba que aniquilasen a sus enemigos y que sacrificasen reses y reservasen para él la sangre (igual que los tripulantes de los ovnis de hoy). Ese es, en definitiva, el Dios que se nos presenta en el Antiguo Testamento.

Con el paso de los tiempos, en el cristianismo apareció un extraordinario personaje con cuyas positivas enseñanzas se intentó tapar el gran agujero negro que había dejado el iracundo dios del Pentateuco. El personaje en cuestión es Jesús de Nazaret, del que hablaremos más tarde ya que indudablemente tiene una fundamental importancia en toda la teología cristiana.

Reconociendo los errores y distorsiones con que se han ido contaminando a lo largo de los siglos, admitimos la veracidad que en el fondo tienen las enseñanzas iniciales y fundamentales del judeocristianismo, pero tenemos que admitir que en la actualidad hay una gran resistencia por parte de muchos cristianos, e incluso teólogos, a admitir la existencia del demonio como una entidad real o como un espíritu maligno (un ángel o espíritu perverso). Sin embargo, su existencia como un ser real está definida en un concilio y sostenida durante siglos por el magisterio de la Iglesia, y por lo tanto es algo que todos los católicos deberían creer. Esta convicción de que existe un espíritu o espíritus malignos, y que ellos son los que dominan el mundo, la vemos ya señalada en el Nuevo Testamento, donde inexplicablemente y en múltiples ocasiones Cristo habla de ellos y les llama «príncipes de este mundo». Y a ellos vuelve a referirse en la oración del padrenuestro que él nos enseñó. Debido a una mala traducción del latín, decíamos al fin de la oración «mas líbranos del mal», cuando el significado auténtico de la frase es «líbranos del maligno», no del mal en abstracto sino de un concreto ser maligno. San Pablo va aún más lejos al llamarle a este ser «Dios de este siglo» (2 Corintios 4, 4). En el capítulo 20 del Apocalipsis se identifica a este «príncipe de este mundo» con el demonio del cristianismo cuando dice que tras muchos años de estar preso («mil años»), «Satanás será suelto por un breve tiempo y saldrá a seducir a las naciones de los cuatro extremos de la Tierra». Viendo el caos globalizado en que se está convirtiendo nuestro planeta y la rebelión contra la creencia en Dios, y teniendo también en cuenta las profecías de otras culturas y tradiciones, uno se pregunta si no nos iremos ya acercando a ese tiempo.

Nunca he sido devoto del Apocalipsis porque lo veo demasiado parecido a los engaños e intoxicaciones que reciben muchos contactados en sus comunicaciones (*channelings*), pero al igual que en muchos de los mensajes que reciben, en medio de las abundantes mentiras, verborrea y semiverdades con las que son intoxicados suele haber cosas interesantes. Es una regla general que en los mensajes de los contactados las verdades están muy mezcladas con las mentiras, predominando en gran medida estas sobre las primeras.

El punto crucial de este escrito es mostrar la total identificación de este «príncipe de este mundo» y sus legiones, de los que nos hablan Cristo y san Pablo, con algunos de los misteriosos personajes que en la actualidad vemos surcar nuestros cielos y aparecerse en nuestras habitaciones. Son los mismos seres, aunque hoy se nos presenten bajo una apariencia totalmente diferente y más acorde con la mentalidad actual. Pero en el fondo conservan los mismos rasgos fundamentales que Cristo les asignó: les gusta la maldad y pervertir a los hombres y específicamente les gusta el engaño y la muerte (Juan 8, 44).

Hace ya unos cuarenta años apareció en Estados Unidos un librito escrito por dos protestantes pentecostales en el que abiertamente se decía que los tripulantes de los ovnis eran nada menos que demonios. Y por las mismas fechas, un famoso periodista católico francés escribió un artículo en el que afirmaba que los ovnis eran vehículos tripulados por seres angélicos que venían a ayudar a la humanidad descarriada. Por supuesto, los ufólogos de aquellas fechas, que a pesar de nuestra buena voluntad apenas teníamos idea de lo que estábamos hablando, sentenciamos que tales ideas eran fruto del fanatismo de sus autores. ¡Solo a un pentecostal se le podía ocurrir confundir a unos avanzadísimos astronautas procedentes de otras galaxias con un Satanás inexistente y fruto del fanatismo! Pero ¡qué equivocados estábamos! Aquellos «fanáticos», aun estando lejos de la verdad, estaban mucho más cerca de ella que nosotros, los «doctores» en la inflada ufología de los años 60 y 70 del siglo pasado.

En tiempos modernos hemos tenido pruebas renovadas y muy concretas de lo que ha sido siempre el pensamiento de la jerarquía eclesiástica acerca de la existencia real de Satanás, y, llevándolo al terreno que nos interesa, de la existencia de un ser suprahumano, inteligente, cruel y perverso, que odia a los hombres y los inclina hacia el mal. En los últimos tiempos, los supremos dirigentes del cristianismo han sido testigos de la existencia de este ser, y así se lo han manifestado a sus fieles, aunque estos no les han hecho mucho caso.

Hasta el Concilio Vaticano II (1962-1965), los sacerdotes de todo el mundo, al terminar la misa, se arrodillaban al pie del altar y rezaban una muy peculiar oración contra el «príncipe de las tinieblas» y contra los «espíritus malignos». La plegaria había sido impuesta el año 1886 por el Papa León XIII. El origen de esta oración —que según algunos liturgistas era un poco extemporánea en la celebración de la Eucaristía— es bastante curioso, pero muy confirmador de lo que estamos tratando.

Vemos aquí cómo lo describe el padre Domenico Pechenino:

No recuerdo el año exacto. Un mañana, el Sumo Pontífice León XIII (1878-1903) había celebrado la santa misa y estaba asistiendo a otra de agradecimiento, como era habitual. De pronto le vi levantar enérgicamente la cabeza y mirar por encima del celebrante. Miraba fijamente, sin parpadear, pero con un aire de terror y maravilla, demudado. Algo extraño, grande, le ocurría. Finalmente, como volviendo en sí, con un ligero pero enérgico ademán, se levanta. Se le ve encaminarse hacia su despacho privado. Los familiares le siguen con premura y ansiedad. Le dicen en voz baja: «Santo Padre, ¿no se siente bien?, ¿necesita algo?». Responde: «Nada, nada».

Se encierra en su despacho y al cabo de media hora hace llamar al secretario de la Congregación de Ritos y, dándole un folio, le manda imprimirlo y enviarlo a todos los obispos diocesanos del mundo. ¿Qué contenía? La oración que rezamos al final de la misa junto con el pueblo, con la súplica a María y la encendida invocación al príncipe de las milicias celestiales, implorando a Dios que vuelva a lanzar a Satanás al infierno. Luego comentaría: «Vi demonios y oí sus crujidos, sus blasfemias, sus burlas. Oí la espeluznante voz de Satanás desafiando a Dios, diciendo que él podría destruir la Iglesia y llevar a todo el mundo al Infierno si se le daba suficiente tiempo y poder». Satanás le pidió a Dios el permiso de tener cien años para influenciar al mundo como nunca antes había podido hacerlo. Pudo ver también a san Miguel Arcángel aparecer y lanzar a Satanás con sus legiones en el abismo del infierno.

La visión tuvo tal impacto en la mente de León XIII que, además de la oración, que mandó rezar todos los días y repetidas veces en todas las iglesias católicas del mundo, escribió de su puño y letra un exorcismo especial, contenido actualmente en el Ritual Romano, que recomendaba a obispos y sacerdotes para que lo rezaran con frecuencia.

No muchos años más tarde accedió al pontificado Pío XII, y al menos en una ocasión pudo ver encima de los jardines del Vaticano lo mismo que Lucía y sus primos habían visto en Fátima; es decir, el Sol girando y dando la impresión de abalanzarse contra la Tierra: el famoso «milagro de Fátima». (El investigador Jacques Vallée dice que Fátima fue la manifestación más atestiguada del avistamiento de un ovni). Esta manifestación aérea, que, como es natural, causó una gran impresión en el ánimo de Pío XII, yo la veo como una fenomenal jugada de los «dioses» extraterrestres. Con ella fortalecían la fe del jefe de la religión más importante de la Tierra y, a través de él, la de muchos millones de fieles; y no tenemos que olvidar que las creencias de todas las religiones han sido una de las mayores estrategias de los «dioses» para tener entretenida, engañada y dividida a la humanidad, de modo que no se entere de quién es en verdad el que manda en el mundo.

Inmediatamente después de Pío XII ascendió al solio pontificio Juan XXIII, del que constan muchas anécdotas de tipo paranormal, pero la que está más relacionada con nuestro tema es la siguiente, sucedida en su retiro de Castelgandolfo. Aunque era un secreto a voces, su secretario personal decidió hacerla oficial veinte años después de la muerte del pontífice. Lo cuenta así:

El Papa y yo estábamos caminando a través del jardín una noche del mes de julio de 1961, cuando observamos sobre nuestras cabezas una nave muy luminosa. Era de forma oval y tenía luces intermitentes de un color azul y ámbar. La nave pareció sobrevolar nuestras cabezas por unos minutos y luego aterrizó sobre el césped en el lado sur del jardín. Un extraño ser salió de la nave; tenía forma humana, a excepción de que su cuerpo estaba rodeado de una luz dorada y tenía orejas más alargadas que las nuestras. Su Santidad y yo nos arrodillamos. No sabíamos lo que estábamos viendo pero supimos que fuese lo que fuese no era de este mundo, por lo tanto debía ser un acontecimiento celestial.

Rezamos y cuando levantamos nuestras cabezas el ser estaba todavía allí. Esto nos demostró que no era una visión lo que vimos. El Santo Padre se levantó y caminó hacia el ser. Los dos estuvieron alrededor de veinte minutos uno frente al otro; se los veía gesticular, como si hablaran, pero no se escuchaban sonidos de voces. No me llamaron, por lo que permanecí donde estaba y no pude oír nada de lo que hablaron. Luego el ser se dio la vuelta y caminó hacia su nave y enseguida esta se elevó. Su Santidad dio media vuelta hacia mí y me dijo: «Los hijos de Dios están en todas partes, aunque algunas veces tenemos dificultad en reconocer a nuestros propios hermanos».

El secretario nunca supo qué fue lo que habló Juan XXIII con el extraño personaje y siempre se ha especulado con algunas revelaciones que le habría hecho el visitante cósmico. Revelaciones y profecías que el Papa anotaba en un diario y que con el tiempo han resultado muy ciertas. Entre ellas podemos resaltar «el asesinato de un líder político muy importante» (el de Kennedy poco tiempo después), «la entrada de un país muy poderoso en una guerra que nunca ganaría» (Vietnam), «la aparición de una nueva y terrible enfermedad a partir del año 1984» (el sida), «el enconamiento del conflicto de Israel con Palestina», «la caída estrepitosa del comunismo» y también la intrigante profecía de que «extraños visitantes aparecerán en la Tierra venidos de otros planetas *para sembrar la paz*». También consta en su diario que Dios le había exigido silencio hasta que llegase el momento adecuado. Ni quito ni pongo rey, pero esto es lo que consta del buen Papa Juan XXIII.

Mi comentario a este hecho es que, aunque a muchos pueda parecerles que se trata de un bulo más, yo creo que es auténtico, porque conozco a unas cuantas personas de las que no puedo dudar que me han confesado haber tenido experiencias semejantes que han mantenido en secreto porque nadie las creería, para que no las tomasen por locas. Aparte de esto, tengo muchas dudas de que este hecho haya sido una manifestación de «los buenos» y más bien lo veo como otra treta de «los malos» para engañar al Papa, a juzgar por lo que le dijeron acerca de que vendrían «para sembrar la paz», cuando lo que han hecho a lo largo de los siglos es fomentar las guerras. El detalle de las orejas del visitante es algo muy curioso, sobre el que podrían hacerse varias conjeturas. Pero solo conjeturas.

Inmediatamente después de Juan XXIII vino Pablo VI, que habló claramente de la presencia y actividad dentro de la Iglesia y en el mundo entero de una fuerza «real, personal, maligna y muy poderosa», que tradicionalmente en la teología ha sido siempre denominada como «Satanás». Cuando el pontífice habló sobre ello, prácticamente toda la prensa mundial, incluidos muchos medios conservadores y hasta procatólicos, lo criticaron duramente como ultraconservador y aferrado a creencias arcaicas, lo que le produjo una gran tristeza.

Más recientemente, Juan Pablo II, ya sin complejos y enfrentándose al pensamiento generalizado, aun entre muchos cristianos, de la inexistencia del Demonio, repitió en diversas ocasiones y documentos que el Demonio está vivo y activo en el mundo. De ello habló abiertamente en seis solemnes audiencias y sobre todo en el discurso que pronunció el 24 de mayo de 1998 en Turín, ciudad que pasa por ser el «Vaticano» de toda la demonolatría mundial.

En estas audiencias, Juan Pablo II, sin citar ni hablar para nada la presencia de extraterrestres entre nosotros, puso el dedo en la llaga en cuanto a cómo actúan las fuerzas satánicas en nuestros días, pero inconscientemente las equiparó con las de los tripulantes de los ovnis. Por ejemplo, dijo en cierta ocasión: **«Instan a que no creamos en su existencia».** Satanás lo hace influenciando las mentes de los intelectuales y de algunos teólogos «progresistas», sugiriéndoles que el demonio es algo abstracto, una especie de concreción del mal y una creencia ya superada. Los «extraterrestres», por su parte, lo hacen logrando que en los grandes medios de comunicación y en la ciencia oficial el fenómeno de los ovnis sea visto como el fruto de mentes desquiciadas, y por otra parte rodeando sus estudiadas manifestaciones de circunstancias extrañas que dejan siempre la duda en el ánimo de los testigos. Es la misma táctica de la elusividad de los ovnis de la que ha dado buena cuenta el investigador Ignacio Darnaude.

Otra de las tácticas que Juan Pablo II vio en Satanás, y que coinciden con las de los tripulantes de los ovnis, fue en la manera de **infiltrarse en las mentes de las grandes autoridades de este mundo**. Dijo el Papa que Satanás había logrado que promulgaran leyes injustas, antihumanas y perversas porque, según él, de esta manera se lograba que «el mal se transforme en un pecado estructural»; es decir, que la perversión y el mal entrasen como cosa normal en el sistema y se convirtiesen en leyes. Y eso es lo que exactamente está sucediendo a gran escala. Estas malignas inteligencias están valiéndose de las grandes autoridades mundiales y de las instituciones internacionales para ir disimuladamente implantando, por medio de leyes supranacionales de cumplimiento obligatorio en todas las naciones, sus ideas depravadas que poco a poco llevan a la corrupción de la sociedad y que impiden que en el mundo reine un clima de rectitud y comprensión entre las naciones.

Un claro ejemplo de esto lo tenemos en la ONU, que habiendo comenzado como una organización internacional para facilitar el encuentro y la comprensión de los diversos pueblos y culturas, se ha convertido poco a poco en un instrumento para la introducción de leyes no solo anticristianas sino también antihumanas. Por ejemplo, la ley del aborto libre, que poco a poco diversas agencias dependientes y subvencionadas por la ONU están introduciendo en todas las naciones. Mediante ella se asesinan cada año en el mundo entre treinta y cincuenta millones de seres humanos que estaban en camino de convertirse en hombres y mujeres normales, y se deja heridas psicológicamente a mujeres que a la larga lamentan y se arrepienten de haber colaborado en el asesinato de su propio hijo. Organizaciones dependientes de la ONU como UNESCO, UNICEF o ACNUR y grupos de presión ideologizantes como la IPPF, están siguiendo la política destructiva, anticristiana y antihumana de la identidad de género en todos sus aspectos y con todas sus funestas consecuencias. Uno de sus proyectos disimulados (valiéndose de la teoría del peligro de la superpoblación mundial) consiste en despoblar África y limitar la natalidad en los países atrasados que poseen riquezas naturales estratégicas para las grandes industrias de los países desarrollados. En vez de ayudar a esos países a matar el hambre y a organizarse y salir de su atraso y su pobreza, los fuerzan a emigrar masivamente (creando tremendos conflictos en las naciones desarrolladas), les regalan toneladas de preservativos para frenar su natalidad, y por otra parte les niegan otras ayudas más útiles si no se atienen a sus directivas. En las naciones desarrolladas están también logrando rápidamente la disminución de la población autóctona, valiéndose para ello de estrategias mucho más sutiles.

La moderna ovnilogía, después de muchos años y habiendo tenido que salvar mucha desinformación proveniente de las grandes autoridades humanas y suprahumanas, ha logrado acercase bastante a la agenda de estas inteligencias reptilianas que muy calladamente gobiernan el mundo y que fundamentalmente coincide con lo que tanto Juan Pablo II como la Iglesia han dicho siempre que es la agenda de Satanás: dividir y pervertir a la humanidad. Según los mejores investigadores, los reptilianos son seres perversos, unos rebeldes dentro del buen orden de la Creación (al igual que Luzbel y sus seguidores en la teología cristiana) que gozan con el mal y con el sufrimiento. Lo que pretenden con la humanidad es, por una parte, su perversión en todos los sentidos y, por otra, hacerla sufrir y convertirla en su esclava sin que ella se dé cuenta.

El autor alemán Franz Erdl describe así las actividades de estos invasores siderales:

Los reptilianos y los draconianos, con la ayuda de sus acólitos los *grises*, manipulan desde hace miles de años nuestro inconsciente colectivo y el de cada individuo sin que nadie se libre de ello. El control mental no solo se extiende a los «sujetos de laboratorio» que fueron abducidos o preparados de otras maneras, sino que se extiende a todos nosotros... Los reptilianos han diseñado minuciosamente todas nuestras religiones y filosofías, cuidándose mucho de los detalles, y las han implantado entre nosotros. TODAS las religiones llevan el sello de ellos y todas son peligrosas. Siento decirlo, pero también el budismo y la de aquellos que meditan solitarios en las montañas del Tíbet. Las religiones, cuantas más verdades dicen, más peligrosas son, porque es más difícil rebatirlas. Los reptilianos han inventado todas nuestras filosofías y una de las últimas es la de la Nueva Era. La idea que han difundido de nuestro próximo ascenso a una quinta dimensión es una gran estrategia y los que están pendientes de este ascenso ponen poco entusiasmo en defender las realidades tridimensionales de nuestro planeta. Pero lo que ahora tiene importancia es la defensa global de nuestra Tierra, porque ellos quieren dominarla y que sigamos siendo sus proveedores de energía. Las religiones son medios muy importantes para el control de las mentes, aunque también es cierto que son importantes en la concienciación de las razas y los pueblos de las diferentes naciones.

Otro autor, James Bartley, un japonés-norteamericano, define así las actividades de los reptilianos:

Estos híbridos reptiles-humanos son la fuerza principal que actúa en el fondo de toda la extendida maldad y crueldad que vemos en la Tierra. El uso de muchos humanos como esclavos sexuales, el vicio y el negocio de la pederastia, el tráfico internacional de drogas con todas sus miserias, la tortura, el genocidio, los experimentos con humanos, el envenenamiento e intoxicación de los ambientes, etc., todo proviene de la mente de estos seres.

Esta crueldad, especialmente la practicada contra los niños, se ha dado en todos los tiempos y la encontramos en las bárbaras costumbres y culturas de muchos pueblos, aunque luego los historiadores patrioteros traten de silenciarla. Entre los aztecas, por ejemplo, del 2 al 21 de febrero, durante la fiesta denominada Atlacacauallo, el pueblo subía a determinadas montañas en las que se sacrificaban a niños a los que se les extraía el corazón, que era devorado en un macabro ritual. En el mes de marzo, en la fiesta del Tlacaxipehualiztli, se sacrificaban cautivos, aunque se tratase de mujeres o niños, y ello conllevaba siempre la extracción del corazón y en ciertos casos el despellejamiento. El sacrificio esporádico de niños duraba en la primavera hasta la llegada de las lluvias cuando en la fiesta de Toxcatl se sacrificaba a un joven cautivo al que se había estado alimentando y tratando de manera muy especial durante todo un año. Aparte de esto, tras los juegos de pelota, que eran combates rituales a muerte en los que competían esclavos, se sacrificaban cuatro de los contrincantes perdedores, sin que nunca faltase la extracción del corazón. En cuanto al sacrificio de niños y seres humanos, los incas no les iban muy en zaga a los aztecas.

En el Antiguo Testamento tenemos un extrañísimo suceso que está en línea con lo que estamos diciendo y que al mismo tiempo nos hace sospechar de la bondad de Yahvé. Nos referimos a la exigencia que le hizo a Abraham de que sacrificase para él, tal como hacía con los animales, a su hijo Isaac. Por un momento a Yahvé le afloraron inconscientemente sus instintos de reptil, y su gusto por martirizar al ser humano y por la sangre de los niños le traicionó. Su marcha atrás en tan draconiana orden no es capaz de borrar la pésima idea que nos deja de sus bondades como Dios benigno y providente. Pero la práctica de sacrificarles niños a los dioses parece que no era muy extraña entre los descendientes de Abraham, porque de nuevo nos encontramos con ella en el Levítico, capítulo 18, cuando vemos a Yahvé celoso maldiciendo a los israelitas que sacrificaban sus hijos a su rival Moloc.

Toda esta horrible crueldad antihumana que encontramos en todas las civilizaciones se hace completamente inexplicable sin la intromisión de estos malignos seres en las mentes de los humanos, que de una forma u otra ha estado siempre presente.

La encontramos también, aunque de otra forma, en los episodios de íncubos y súcubos de las crónicas de la Edad Media, a las que tan poca credibilidad se les otorgaba hasta hace pocos años. Pero esta misma actuación la vemos en la actualidad repetida y testificada por miles de contactados, tanto hombres como mujeres, que afirman haber sido violados. En aquellos tiempos a sus autores se les llamaba «demonios»; hoy se les llama «extraterrestres», pero son los mimos seres. Unos seres reales, ni mitológicos, ni virtuales, ni imaginarios, ni pertenecientes a la teoría de la «falsa memoria», ni debidos a personalidad múltiple, ni fruto de recuerdos o de sueños lúcidos o del trauma del nacimiento. Es indudable que se dan casos, y no pocos, que se pueden explicar con algunas de estas causas. Pero los autores de los hechos a los que nos referimos tienen una personalidad propia y se diferencian de nosotros sobre todo en que son ultradimensionales. Cuando actúan en nuestra dimensión y en nuestro mundo, como tienen la capacidad de adoptar la forma que quieran, lo hacen de una manera tan real como la nuestra, a juzgar por las muchas pruebas físicas que de ello tenemos.

Esta ultradimensionalidad les confiere unas capacidades que nosotros no poseemos y que a priori se nos hacen difíciles de admitir, pero si queremos ser honestos y no encerrarnos en nuestra ignorancia no tenemos más remedio que hacerlo, dada la cantidad y la calidad de los testigos con los que cuenta.

A las actividades de las que nos hablaba Bartley se les pueden añadir otras de una perversidad verdaderamente satánica, como la introducción en el organismo del recién nacido de genes que en el futuro tuerzan o confundan su inclinación sexual o lo lleven a una sexualidad desenfrenada, a la pornografía infantil y pederastia, al asesinato sin causa alguna o hacia el gusto por los espectáculos de sangre, la tortura, las películas *snuff* y todo tipo de depravación y autodestrucción, en muchos casos hasta el suicidio. La actual superabundancia de personas o de delitos que tienen que ver con una sexualidad anómala o aberrante está directamente relacionada con esta callada actividad reptiliana. Otra de sus estrategias es la inducción al consumo de estupefacientes, porque con ellos el cerebro se hace mucho más permeable a la influencia de estas malignas inteligencias. Celebridades como Lady Gaga, Madonna o Amy Winehouse, con su enorme poder de atracción, o Kurt Cobain, Hendrix, Joplin, Viciou, Bonham, Presley y la innumerable multitud de astros roqueros muertos por las drogas, pueden considerarse como pobres posesos, víctimas directas de la actividad de estas entidades malignas.

Es cierto que desviaciones y vicios como estos se han dado en todos los tiempos, pero no se puede negar que en nuestros días da la impresión de que está habiendo una especie de explosión de todos ellos, con el agravante de que muchas veces son las grandes instituciones internacionales, los estados y ciertos ocultos y poderosos *think tanks* y *lobbies* los que los propician y financian, presentándolos siempre como avances progresistas aunque vayan contra el sentir de la mayoría de los ciudadanos. La televisión en el mundo entero es el gran vehículo para que todas estas aberraciones vayan siendo vistas por el pueblo con una gran tolerancia y como una cosa normal.

Un ejemplo de esto lo tenemos en el gobierno del fanático e irresponsable Rodríguez Zapatero, que siguiendo las aberrantes directrices del feminismo de género, quiere bajo el engañoso nombre de «Educación para la Ciudadanía» sexualizar cuanto antes a la infancia y presentar la homosexualidad y la bisexualidad como meras opciones «culturales» completamente normales, totalmente equiparables a la heterosexualidad. Y al decir esto, de ninguna manera estamos diciendo que somos homófobos. Respetamos la inclinación sexual de cada uno, incluido su derecho a unir su vida con la persona que quiera aunque sea de su mismo sexo, y condenamos las tremendas injusticias que con los homosexuales se han cometido en tiempos pasados y aún se siguen cometiendo.

VIII

OVNIS Y RELIGIONES
(PARTE 2)

En las páginas anteriores traté de identificar a los seres que en la actualidad se nos presentan en los ovnis con los espíritus —buenos y sobre todo malos— de los que nos hablan el cristianismo y en general todas las religiones. Pero me quedaron por decir y aclarar muchos de los pormenores de estas identidades, tanto en lo que se refiere a la esencia de estos visitantes como a las creencias del dogma cristiano.

En mi libro *La granja humana* traté fundamentalmente de exponer que este planeta, con sus habitantes, es como una granja de otros seres inteligentes extrahumanos, pero no me detuve ex profeso a especificar quiénes ni cuántos eran los dueños de la granja ni a exponer cuáles eran sus más importantes intereses e intenciones. Por lo tanto, antes de pasar a la parte más profunda de todas estas consideraciones, será bueno que reflexionemos un poco sobre la diversidad de los dueños de la granja, porque, por lo que hemos aprendido en todos estos años, son muchos y muy diferentes en sus orígenes, en sus capacidades y en sus intenciones.

Esta es una deducción que tenemos que hacer, a juzgar por sus muy diferentes formas físicas o parafísicas y sus maneras de actuar, que no acabamos de explicarnos, porque muchas veces nos parecen completamente absurdas y contradictorias. Esta contradicción en su manera de actuar es parte de su estrategia para que la humanidad siga en su eterna confusión y duda acerca de la existencia real de ellos y de su activa presencia entre nosotros, y específicamente para que científicos e intelectuales desprecien todo el fenómeno y no caigan en la cuenta de lo que hay detrás de él.

Son varias las conclusiones de índole general a las que tras más de sesenta años de observaciones hemos podido llegar. He aquí unas cuantas:

1. Parece que algunos están en desacuerdo con la manera de actuar de otros y de alguna manera les obstaculizan su trabajo, impidiéndoles hacer todo lo que ellos quisieran. Hay testimonios de auténticas batallas entre ellos.
2. Por el contrario, hay alianzas entre bastantes de ellos, pues aun teniendo formas físicas completamente diferentes, en muchas ocasiones se los ha visto actuar juntos.
3. Algunas «razas» son menos avanzadas y parecen estar supeditadas y al servicio de otras. Hay claras jerarquías entre ellas (lo mismo que la teología cristiana dice que las hay dentro de los ángeles y los demonios).
4. Las «razas» más avanzadas tienen el poder de fabricar entidades a las que pueden dotar de una inteligencia rudimentaria. Pueden también clonar o fabricar copias perfectas de seres humanos.

5. Las «razas» más avanzadas tienen la capacidad de cambiar temporalmente de forma a voluntad, de modo que pueden presentarse como individuos humanos y convivir con nosotros, o también pueden influir en nuestra mente y hacer que los veamos como seres humanos normales. La mayoría de los que comúnmente se llaman *grises*, aunque también pueden influir en nuestra mente y hacerse invisibles, no pueden cambiar de forma.

6. Bastantes de ellos parecen tener un gran interés en todo lo que se refiere a la multiplicación de la especie y por ello observan muy de cerca cómo es la nuestra e interfieren en ella de muchas maneras. Aunque parezca extraño, la actividad sexual entre los humanos y con humanos les interesa grandemente y por diversas razones a muchos de estos seres. (Igual que vemos en el Génesis y en las historias de los dioses mesopotámicos).

7. No todos los visitantes tienen formas humanoides. En muchas ocasiones se han visto formas animalescas capaces de interactuar inteligentemente con los humanos. Ciertos seres reptilianos de gran estatura son unos de ellos y, al parecer, los de mayor categoría y peores intenciones hacia los humanos.

8. Una cosa en la que parece que están todos de acuerdo, por muy diversos que sean sus orígenes, sus capacidades y sus intenciones, es en no manifestarse claramente. La finalidad es que los humanos no caigamos en la cuenta de que no somos los únicos seres inteligentes que pueblan este planeta. Se dejan ver aisladamente pero dejando siempre tras de sí algún dato o circunstancia que induzca al testigo o a los investigadores a dudar de la realidad de lo visto.

Todavía podríamos añadir muchas otras convicciones a las que hemos llegado tras tantos años de avistamientos, contactos y abducciones. Pero por lo dicho, podemos hacernos una idea de que los «no humanos» distan mucho de ser una «raza» uniforme y de que más bien, en cuanto a su variedad, se parecen al mundo vegetal y animal, en donde reina una diversidad infinita. Y antes de proseguir abundando en el tema, volveré a insistir en que en este escrito yo me fijo principalmente en las dos o tres «razas» que son las más perniciosas para nosotros, las denominadas «reptilianas», de gran estatura, admitiendo que hay otros seres también reptilianos, de menor estatura, que son mucho menos hostiles e incluso que, por lo que parece, nos quieren ayudar.

Esta variedad en las formas y en las actuaciones —a veces contradictorias— de los «extraterrestres» la vemos reflejada en la multiplicidad de las creencias religiosas, que también con frecuencia son contradictorias entre sí. Si admitimos que estos seres que se nos aparecen en ovnis son los mismos que se les aparecían y se comunicaban con los fundadores de las religiones, y si son tan diferentes unos de otros, no tiene que extrañarnos que las religiones acusen en sus creencias estas diferencias y contradicciones.

Las diferencias entre todos estos visitantes, si son grandes en cuanto a lo material y visible (por ejemplo en las formas de sus vehículos), son aún mayores en lo mental y en lo espiritual. Como dijimos, algunas «razas» tienen mucho más poder que otras. Las menos evolucionadas, y por lo tanto menos poderosas, se ocupan preferentemente de cosas materiales y físicas (obtención de productos, energía, reproducción, etc.), e interfieren con los humanos para obtener las cosas más o menos materiales que les podemos brindar. Las «razas» o los «pseudodioses» más evolucionados y de un desarrollo mental muy superior al nuestro y al de estas «razas» inferiores buscan en nosotros algo mucho más sutil y por otra parte mucho más difícil de obtener, como es la energía mental que producimos con nuestro cerebro mediante el miedo, la excitación, el entusiasmo, la adoración o el dolor. Estas «razas» más «avanzadas» son las que nos interesan, porque son las que tienen una relación más profunda con nosotros, aunque sea mucho menos visible que la que tienen otros «extraterrestres» más conocidos, como son los *grises*. De estos conocemos muchas variedades y parece que son los que componen la mayoría de nuestros misteriosos visitantes. Probablemente son más abundantes que los seres más avanzados; sin embargo, su influencia con los humanos es menos importante.

Digo seres «más avanzados» y me abstengo de llamarles «más evolucionados» porque la realidad es que su evolución ha sido más bien una involución. Han evolucionado hacia la maldad y hacia la perversión. Estos son los auténticos demonios a los que la Iglesia se ha referido siempre. Son los «espíritus malignos» a los que se refería san Pablo cuando en su carta a los efesios dijo: «Nuestra lucha no es contra la carne ni contra la sangre, sino contra los Dominadores de este mundo, contra los Espíritus del Mal que están en las alturas» (Efesios 6, 12). Es el mismo personaje al que veíamos que Cristo llamaba repetidamente «príncipe de este mundo» y al que vemos en el evangelio apareciéndosele y tratando de engañarlo y hasta incitándolo al suicidio (Mateo 4), tal como hacen con muchos contactados de nuestros días. La razón de que en la moderna ovnilogía se llame «reptilianas» a estas malignas inteligencias es porque no pocos contactados o abducidos aseguran que los rasgos faciales de los seres que trataban con ellos eran como de ofidios.

Es muy curioso que, en el Paraíso, Satanás también se les apareciese a Adán y Eva como un ofidio, y es también altamente extraño que en la Biblia veamos cómo Yahvé le dice a Moisés que mande hacer una serpiente de bronce y que la ponga encima de un asta, de modo que todos los que hubiesen sido mordidos en el desierto por una serpiente la invocasen. «Y sucedía que cuando los que habían sido mordidos la miraban, se curaban» (Números 21, 8-9). Y también es altamente extraño que ya en el Nuevo Testamento, en el Apocalipsis, a Satán se le llame «la Gran Serpiente» y «la Serpiente Antigua». El culto a serpientes, reptiles, batracios y saurios es muy común en todas las mitologías. En Oriente lo tenemos en forma de dragones, y en América está de una manera eminente y central en la mitología de los hopis y lo podemos ver en enormes cabezas de serpiente o de lagarto en las pirámides mejicanas y en los templos de Palenque. Egipcios y griegos creían en *cacodaimons* y *agazodaimons* (malos y buenos espíritus) y ambos eran representados con cuerpos de serpiente y cabeza humana. El Demiurgo de los gnósticos, del que hablaremos enseguida, era representado con cuerpo de serpiente y cabeza de león. En Galicia existe la tradición de ancestrales cultos *da serpe*, y yo he visto en la primitiva base de más de un cruceiro formas semiborradas que hacen sospechar de la presencia de viejas figuras de *serpes*. El libro de R. A. Boulay *Flying Dragons and Serpents*, el de Andrew Collins *From the Ashes of Angels: The Forbidden Legacy of a Fallen Race* y los de nuestro amigo John Rhodes, el mejor especialista en este tema, profundizan en estas cuestiones. En ellos, mezcladas con conjeturas discutibles, hay mucha información, científica y cierta, desconocida por la ciencia oficial y por supuesto despreciada por la casta de los «intelectuales».

Una de las muchas ayudas que Hollywood le ha prestado al encubrimiento de esta tremenda realidad fue la famosa serie *V* (la de los lagartos). Fue una magistral estrategia, como otras que estas inteligencias reptilianas han practicado a lo largo de la historia. Al presentar aquella serie como una pura ficción, la gran masa quedó vacunada para no admitir en el futuro como real nada que se pareciese a aquello, en especial cuando se hablara de lagartos. Esa parece haber sido la función de la serie *V*, que año tras año se sigue reponiendo en televisiones de todo el mundo, y la de otras películas relacionadas con los extraterrestres con las que Hollywood —completamente en manos de gentes del «Nuevo Orden Mundial»— ha colaborado a la causa del encubrimiento de la presencia de estos seres entre nosotros. Sin embargo, aparte de los muchos casos que hay documentados en libros, conozco personalmente a varias personas de las que no puedo dudar y de las que hablaré posteriormente que me han asegurado haber sido testigos directos o víctimas de desagradables episodios con seres reptilianos.

¿Está siendo también usado en la actualidad David Icke igual que fue usada la serie de los lagartos? Las tremendas verdades que Icke dice en sus libros, ¿no estarán siendo contaminadas y eclipsadas por su superabundancia de transformistas reptilianos?

Llegados a este punto sería muy conveniente que volviésemos párrafos atrás, cuando nos hacíamos eco de los testimonios de varios pontífices que aseguraban que el demonio anda suelto y se ha introducido en la Iglesia. Y aquí no tenemos más remedio que abordar un tema que siempre ha disgustado mucho a los teólogos cristianos: las doctrinas gnósticas con su creencia en un Demiurgo. De nuevo nos volvemos a encontrar con creencias que florecieron en el cristianismo primitivo y que, aunque mutiladas, han durado hasta nuestros días. La rebelión de Luzbel con sus miríadas de ángeles contra Dios es una creencia que no es herética y que entra dentro de la más pura ortodoxia cristiana. Los teólogos no han prestado a esta creencia y a esta rebelión la misma atención que han prestado a otros aspectos de la teología, pero estas han estado siempre presentes en las enseñanzas de la jerarquía.

En el cristianismo sucedió lo mismo que en todas las religiones: en cuanto se murió el fundador, comenzaron a aparecer todo tipo de videntes e iluminados que mezclaron viejas creencias con las enseñanzas auténticas del fundador más lo que ellos añadían de sus propias visiones e imaginaciones. Sucedió por ejemplo a la muerte de Mahavira, fundador del jainismo; de Joseph Smith, fundador de los mormones; de Buda; de Mahoma. Y sucedió también a la muerte de Cristo. Un siglo después de su muerte había ya alrededor de trescientas sectas cristianas.

Los gnósticos, muy probablemente anteriores al cristianismo, sostenían —entre muchas otras enrevesadas creencias— que ciertos espíritus angélicos muy poderosos se habían rebelado contra Dios y que ellos eran en cierta manera los que habían creado nuestro mundo, y por lo tanto se consideraban los verdaderos señores de todos los seres humanos. Estas creencias estuvieron presentes en el cristianismo durante dos siglos. El año 180 san Ireneo de Lyon hace una seria advertencia contra ellas. Cuando el gnosticismo fue definitivamente condenado en un concilio, muchas de sus otras extrañas y complejas creencias fueron abandonadas; sin embargo, la creencia de una gran rebelión de ángeles contra Dios y la de un malvado Lucifer-Demiurgo dominador de este mundo no fue condenada y ha perdurado dentro de la ortodoxia cristiana hasta nuestros días. A este Demiurgo gnóstico o falso dios, junto con todos los otros espíritus que le siguieron en su rebelión contra el Creador, podríamos identificarlo perfectamente, sin forzar nada las creencias cristianas, con el Satanás del que nos hablan los Papas y con los reptilianos de los que nos habla la ovnilogía.

Como hemos visto, en la teovnilogía no hay problema para explicar la existencia y la personalidad del Yahvé del Pentateuco. Sencillamente, es un «espíritu maligno» más, a juzgar por lo que la misma Biblia nos dice de él. Se disfrazó de Dios al igual que hicieron la mayoría de las divinidades de las otras religiones. En cambio, la persona de Jesús de Nazaret, a juzgar por sus hechos, se nos muestra como todo lo contrario. La teovnilogía tiene una explicación muy lógica para explicar la figura de Cristo porque sabe que nuestros visitantes extraterrestres tienen intenciones muy desiguales y contrarias y que los hay que abiertamente quieren ayudarnos, aunque, por desgracia, su injerencia en nuestras vidas sea mucho más respetuosa y menos abundante que la de los que nos quieren perjudicar. A esta desigual injerencia y disponibilidad parece que iban dirigidas las palabras de Cristo cuando les dijo a sus apóstoles: «Los hijos de las tinieblas son más audaces [o más activos] que los hijos de la luz».

Otro de los paralelismos que nos encontramos entre la teología cristiana y la ovnilogía es el de la jerarquización. En el cristianismo, al igual que entre las razas de seres suprahumanos que conviven con nosotros, siempre se ha creído en la existencia de jerarquías. Los tronos, los querubines y los serafines son superiores a los principados y estos son de un mayor rango que los arcángeles, siendo los ángeles lo últimos en la escala jerárquica. El dogma cristiano también sostiene que el número de los ángeles buenos es muy superior al de los ángeles rebeldes. Estos ángeles buenos, sobre los que los teólogos han escrito mucho, tratan de ayudar a los humanos, aunque lo hacen de una manera muy discreta —a mi manera de ver, demasiado discreta—, respetando siempre el libre albedrío humano, cosa que no hacen los ángeles rebeldes, que según leemos en el Nuevo Testamento están siempre «como leones prestos a atacarnos». Esta misma jerarquización, y de una manera muy marcada, la encontramos también entre diversas «razas» de extraterrestres, estando algunas de ellas al servicio de otras. Y no solo eso, sino que algunos «alienígenas» son robots o de alguna manera hechura de las razas más avanzadas.

Por mucho que el Demiurgo de los gnósticos, jefe de estos ángeles malos, pretenda ser el dueño absoluto del mundo, y por mucho que efectivamente tenga un gran poder sobre los humanos, el Creador del Universo no puede haber dejado abandonadas del todo a sus criaturas. Jesucristo podría ser uno de estos ángeles buenos, de una jerarquía muy superior, enviado por Dios para hacer reflexionar a los habitantes de este mundo y para liberarlos de los engaños a los que el Demiurgo y sus perversos seguidores los tienen sometidos.

Es curioso que en otras religiones, a lo largo de la milenaria historia de la humanidad, también vemos a extraordinarios personajes dotados de una gran bondad que han tratado de ayudar a sus pueblos y de hacerlos progresar en su espiritualidad. Personajes que en no pocas ocasiones han sido también declarados dioses o muy identificados con la divinidad y que también han muerto —la mayoría de ellos crucificados— a manos de los humanos que no aceptaban sus prédicas.

Los devotos cristianos, incluso los más cultos, desconocen por completo quiénes fueron Quetzalcoatl, Devatat, Alcestes, Rama, Indra, Krisna, Salivahana, Mitra, Tammuz, Attis, Orfeo, Bali, Prometeo e incluso Apolonio de Tiana, el gran taumaturgo contemporáneo de los apóstoles, por citar solo a unos pocos de los muchos «Jesucristos» de otras religiones y de otras culturas. En este particular, y coincidiendo con esta idea, es muy curioso el libro de Kersey Graves *The World's Sixteen Crucified Saviours* (los dieciséis salvadores del mundo crucificados), publicado en 1875. Y es también curioso notar que muchos de estos «superhombres» o «dioses», según las creencias de sus fieles, también resucitaron después de su martirio y son esperados en una «segunda venida» para implantar un reino de paz en el mundo. Más de mil millones de musulmanes esperan la inminente llegada de su Madhi. En mi libro *Defendámonos de los dioses* cito cerca de una treintena de estos dioses-hombres.

Insistiremos en que no todas las inteligencias extrahumanas que conviven con nosotros, incluso algunas con apariencia reptiloide, son negativas, sino que también las hay positivas, que tratan de ayudarnos, y de ello tenemos también muchos ejemplos. Los «extraterrestres» negativos han tratado siempre de entrometerse en el trabajo de los positivos y de confundir a los humanos que podrían ser influenciados por ellos. Esta podría ser la explicación de las muchas desviaciones y errores que vemos no solo en el cristianismo sino en todas las otras religiones del mundo, en las que al lado de doctrinas positivas y personajes extraordinarios nos encontramos con individuos, ritos, creencias y acciones detestables.

Los ejemplos son demasiado conocidos para que nos pongamos ahora a detallarlos.

Ateniéndonos al cristianismo, en él podemos ver con toda claridad esta contradictoria mezcla de creencias y acciones que se hace completamente incomprensible e inexplicable si la consideramos únicamente desde el punto de vista de la ortodoxia. No se pueden casar creencias como la asistencia inmediata prometida por Jesucristo a su Iglesia, su fundamental predicación del amor al prójimo o la santidad innegable de muchísimos de sus hijos con tantas acciones bélicas de la jerarquía defendiendo cosas terrenales, con tantas muertes crueles por el solo hecho de defender ideas diferentes o con los casos de pontífices, obispos y sacerdotes corruptos que nos encontramos en los dos mil años de historia de la Iglesia. Tenemos todo el derecho a sospechar que esta mezcla de santidad y perversidad o de verdad y de error es fruto del trabajo y de la influencia de Satanás, del Demiurgo o de los extraterrestres reptilianos, dependiendo de quién la explique.

Dentro del cristianismo podemos distinguir claramente entre lo que ha sido la evolución de la doctrina y de la ascética. En cuanto a la primera, al poco tiempo de la muerte de Cristo ya había cantidad de doctrinas y doctrinarios diferentes que peleaban a veces encarnizadamente entre sí para imponer sus ideas, y a medida que fueron pasando los siglos fueron haciéndose más complicadas las originales y simples doctrinas de Jesús, que prácticamente se reducían al «amaos los unos a los otros», a «no hagas a otro lo que no quieres que te hagan a ti» y a «yo no vine a ser servido sino a servir».

La evolución de la ascesis, es decir, de la puesta en práctica de la doctrina, tuvo también muchas variantes y pronto adquirió dos niveles: por un lado, el nivel de la jerarquía y de los cristianos acaudalados y con poder político, y por otro, el nivel de los simples fieles y del clero devoto, creyente y seguidor fiel de la doctrina del evangelio. Los primeros cayeron con frecuencia víctimas de las tentaciones del «maligno» y se olvidaron de las enseñanzas de Cristo, mientras que entre los segundos florecieron y siguen floreciendo miles de ejemplos insignes de fidelidad a las enseñanzas de Jesús de Nazaret. Como esto no es ningún tratado de historia de la Iglesia, prescindiré de narrar ejemplos de ambas acciones que, conociendo la historia de Occidente, se saben de sobra. Sin embargo, quiero fijarme en un aspecto muy curioso de la ascesis cristiana que, racionalmente hablando, va contra las leyes de la lógica y del sentido común y por lo tanto es difícilmente explicable por la teología ortodoxa, mientras que la teovnilogía lo puede explicar perfectamente. A primera vista parece que no tiene mucho que ver con lo que estamos diciendo, pero por el contrario, está profundamente relacionado con ello. Me refiero al ascetismo cristiano en general y muy en particular al de los llamados místicos, de los que tenemos en España eximios ejemplos. La explicación que de todo el complejo fenómeno dan los teólogos y las autoridades eclesiásticas no es nada convincente, aparte de que nos presenta a un Dios cristiano extremadamente cruel.

En la ascética en general y mucho más en la de los místicos tienen un lugar muy importante las privaciones, el sacrificio, las penitencias y el sufrimiento; un agudo sufrimiento no solo psíquico sino también físico y no pocas veces sangriento, que es directamente pedido por Dios y que, en no pocos místicos, se ha manifestado en la reproducción de las heridas que el propio Cristo padeció en la pasión. Uno se pregunta lógicamente a qué vienen y para qué son ese dolor y ese sufrimiento. La explicación de los teólogos es que mediante el dolor se redimen las faltas y los pecados propios y los de otros. En otros tiempos y en lenguaje bíblico se diría que ese sufrimiento era «para aplacar la ira Yahvé» causada por la infidelidad de su pueblo; pero hoy no aceptamos que Dios pueda tener ira. En mi infancia todavía cantábamos «perdónanos Señor, no estés eternamente enojado», como si Dios fuese un cascarrabias.

Recientemente han aparecido libros en los que autores muy respetables tratan de explicar el sentido del sufrimiento y de la penitencia autoimpuesta y lo hacen con argumentos yo diría que muy sofisticados, pero, al menos para mí, totalmente vacíos de sentido. Los considero bienintencionados, pero creo que son desesperados esfuerzos por explicar lo inexplicable, y que sus autores me perdonen si yo los adscribo a la abundante jerga teológica de todas las religiones.

Pero si la explicación de los teólogos en cuanto al sufrimiento de los seres humanos y en particular de los místicos no nos satisface, la explicación de la teovnilogía, en cambio, nos parece mucho más lógica, porque es una secuencia natural de todo lo que venimos diciendo y porque es también una consecuencia del pensamiento que sobre Satanás ha tenido siempre la Iglesia: que es el padre del engaño y de la muerte y que le gusta atormentar de mil maneras a los humanos. Haciendo sufrir a los místicos les hacían creer que con ello agradaban mucho a Dios.

En líneas anteriores dijimos que desde un principio Satanás había tratado de confundir las doctrinas de los cristianos, «inspirando» creencias nuevas que entraban en conflicto con las originales. Esta intromisión y engaño no se limitó a la doctrina, sino también a las prácticas, ceremonias y ritos. Si hemos de ser sinceros, pensamos que toda la extraña y muchas veces absurda fenomenología que se da en torno a los místicos cristianos y a los de las otras religiones es obra de los «reptilianos príncipes de este mundo», no solo con el deseo de divertirse a costa del humano y de engañarlo, sino con el más perverso de atormentar a personas inocentes llenas de buena voluntad; porque estos «espíritus malignos» gozan engañando y atormentando.

Este incitamiento al dolor —en el que la sangre está presente con mucha frecuencia y en abundancia— lo encontramos también en otras religiones. Por citar algún ejemplo, lo vemos en la ceremonia islámica llamada *Tatbir*. Y se da en la fiesta anual denominada *Ashura,* conmemorativa de la muerte de Husein, nieto del profeta. En ella, un imán va hiriendo en la cabeza con una espada muy afilada a los fieles que, poseídos de un místico frenesí, van pasando por delante de él, finalizando toda la macabra ceremonia con cientos de enardecidos fieles ensangrentados chapoteando en un charco sanguinolento. Y algo parecido se puede decir de otra extraña ceremonia de los sufíes. Nuestras cristianas procesiones de flagelantes de la Edad Media —y de tiempos no tan lejanos— no son muy diferentes de estas prácticas. En las mil sectas del hinduismo, estas ceremonias sangrientas adquieren caracteres dramáticos, mezcladas con otras de un masoquismo incomprensible.

Cuando uno conoce bien las acciones de los *grises* y de los reptilianos de nuestros días, donde la sangre tiene un papel tan destacado —y no solo por la mutilación y desangramiento de animales en las granjas—, no se extraña nada ante ceremonias como esta. El gran John Keel me contó un caso, investigado por él, en el que un ovni se puso encima de una ambulancia que transportaba gran cantidad de sangre y con una especie de grandes pinzas trató de llevársela por el aire y solo desistió ante la llegada de otros automóviles. Hechos como este se relacionan con los sangrientos sacrificios humanos y de animales que se han dado siempre prácticamente en todas las religiones y en particular con los que Yahvé les exigía a Abraham y Moisés. La Biblia, exagerando ciertamente las cifras, nos dice que en la consagración del templo de Salomón se sacrificaron 22.000 toros y 120.000 ovejas; un auténtico río de sangre. En el cristianismo, la sangre que Cristo derramó en la cruz, renovada diariamente en la eucaristía, tiene un lugar fundamental en la redención de todo el género humano.

Y aquí permítame el lector que haga un atrevido paréntesis que puede ser que le haga sospechar de mi paranoia pero que es una duda bastante lógica que tengo, conociendo el desordenado amor que estas malignas entidades han tenido siempre por la sangre. En la actualidad, en las naciones desarrolladas ya no nos piden sacrificios sangrientos de animales. En primer lugar, porque hoy sabemos aprovechar muy bien la sangre de los mataderos de reses para usarla en la industria de la alimentación —según leo, en la fabricación del Cola Cao y de otros chocolates en polvo participa este líquido vital, y con ello no estamos diciendo nada contra este sabroso producto—, y en segundo lugar, porque nosotros, inconsciente e involuntariamente, se la brindamos en abundancia todos los días y por toneladas en las carreteras de todo el mundo con los innumerables accidentes automovilísticos. Aparte de esto, con cierta periodicidad les seguimos brindando sacrificios humanos como los de Pol Pot en Camboya, los de Darfur en Sudán, los de la guerra civil del Congo o los más de 500.000 degollados a golpe de machete en las revueltas de hutus y tutsis en Uganda y Ruanda. Y de postre, nuestro planeta les ofrece diariamente la carne tierna y ensangrentada de los más de 100.000 fetos frutos de abortos, con el permiso de la ONU, de la UNICEF, de la UNESCO y de los corruptos políticos de sus países.

La refinada crueldad —sobre todo de tipo psíquico— que los «extraterrestres» ejercen sobre muchos de sus contactados, conscientes o inconscientes, se parece mucho a las «noches oscuras del alma» y visiones infernales que vemos en los místicos. Y de nuevo soy consciente de que lo que estoy diciendo es algo muy serio pero con lo que no estarán de acuerdo los teólogos y los «intelectuales» omnisapientes. (Que Dios los bendiga, porque si ellos tienen cerebro yo también lo tengo y trato de usarlo y no de seguir ciegamente lo que otros me digan).

Este aspecto del sufrimiento físico de los místicos es la repetición de la pasión y el sufrimiento de Cristo en la cruz. Y aquí nos encontramos con una nueva dificultad, nada pequeña, dentro de la teología cristiana, para explicar toda esta fenomenología del dolor, explicación que podría extenderse a la infinita cantidad de dolor y sufrimiento que existe en el mundo. La dificultad consiste en el hecho de que Cristo, según nos cuenta el evangelio, también fue víctima de ataques de estos espíritus malignos, que terminaron en su crucifixión y muerte. Para explicar el extrañísimo e incomprensible hecho de todo un Hijo de Dios muriendo desangrado en una cruz a manos de unos insignificantes seres habitantes de un pequeño planeta perdido en una esquina del infinito Universo, los teólogos tienen, magnificada, la misma simple explicación que tenían para los sufrimientos de los místicos: «Se sometió a ellos para redimir a toda la humanidad». (Algún teólogo ha tenido la osadía —o la infantilidad— de decir que «a todo el Universo». Parece que no se ha enterado de que hay cientos de miles de galaxias, cada una con cientos de millones de sistemas solares). Pero aparte de tan simple respuesta, nos preguntamos: ¿es posible que la pasión de Cristo se haya debido también a la acción de los demonios que vio León XIII en su visión, del Demiurgo de los gnósticos o de los reptilianos de la ovnilogía? ¿Es posible que aquella misteriosísima frase de Jesús en su agonía en la cruz —«Padre mío, por qué me has abandonado»— se deba a que se dio cuenta de que estaba siendo víctima del «príncipe de este mundo»? Comprendo el terremoto mental que esta pregunta, que podría haber sido hecha de una manera mucho más cruda, tiene que producir en un fervoroso creyente en la divinidad de Jesús. Y como no tengo la solución, la dejaré flotando en el aire, aunque posteriormente hablaré más sobre mi idea de Jesucristo.

Antes de terminar este capítulo, transcribiré una cita de John Keel, a mi entender uno de los pensadores más profundos sobre la esencia y las raíces de la vida humana. Preguntado por una periodista si él se consideraba un ufólogo, contestó estas inesperadas y esclarecedoras palabras de un librepensador: «Yo no me considero un "ufólogo" sino un "demonólogo", porque la "ufología" es otro nombre de la "demonología". Yo no creo que los ovnis vengan de otros planetas sino que se trata de lo que el cristianismo llama Satanás, ángeles caídos y demonios que llevan con nosotros desde el origen de los tiempos y usan toda suerte de trucos y disfraces para hacernos creer que son extraterrestres» (y yo añadiría «que no existen»). Keel creía que toda suerte de apariciones, hadas, extraños aparatos aéreos, bolas de fuego, poltergeists, monstruos, animales raros, espíritus, hombres de negro, ovnis y una larga serie de raras manifestaciones que él conocía muy bien eran una careta para ocultar la verdadera naturaleza del fenómeno y sus actuaciones negativas para los humanos. En su libro *Our Haunted Planet* (1971) dice que no se trata de visitantes extraterrestres, sino de inteligencias hostiles que nos desprecian y tratan de controlarnos y de influenciar nuestras ideas y nuestras creencias.

El resumen de todo esto podría ser que las creencias del cristianismo en cuanto a la **existencia**, a la **esencia** y a la **presencia** de Satanás en este mundo coinciden totalmente con lo que la ovnilogía sabe, no por creencias ni por suposiciones o conjeturas ni por dogmas preestablecidos sino por repetidas experiencias de cientos de miles de hombres y mujeres en todo el mundo —entre los que me cuento—, por más que la megaciencia pretenda ignorarlo y por más que las grandes autoridades lo nieguen. En otras palabras, los hechos fundamentales de los que la ovnilogía y el judeocristianismo parten son los mismos, aunque luego la explicación que se haga de ellos sea diferente.

En cuanto a la **existencia** de estos seres extrahumanos, a la ovnilogía le consta por las infinitas declaraciones de testigos inmediatos y completamente fidedignos y por las pruebas físicas y materiales que existen, por más que muchos acomplejados ufólogos se empeñen en repetir las consignas de los desinformadores de que no existen pruebas. Sí existen, en enorme abundancia y totalmente equiparables a las que normalmente se presentan ante los tribunales de justicia.

Respecto a la **esencia** del fenómeno, coincide también el cristianismo con lo que piensa la teovnilogía: se trata de inteligencias extrahumanas intrínsecamente perversas que odian a la Suprema Inteligencia y a todas sus obras, y consecuentemente al ser humano, porque ven en él una chispa divina; y que en muchas ocasiones a lo largo de la historia se han presentado ante los humanos como si ellos fuesen el Dios verdadero.

Y sobre su **presencia** real entre nosotros, vemos que entre los millones de testigos fidedignos se encuentra nada menos que un Sumo Pontífice. Los que hace años nos dedicamos a estudiar a estos extraños personajes y hemos tenido la suerte o la desgracia de verlos de cerca no necesitamos más pruebas de su presencia entre nosotros.

Si los ovnílogos quieren estar en la vanguardia de las investigaciones de tan misterioso, profundo y trascendental fenómeno, sin dejar de estar atentos a la casuística puntual pero secundaria, deberían fijarse más en el creciente estado caótico —en el fondo antihumano y suicida— en que rápidamente está cayendo la humanidad, que es producto de la agenda y de las inteligentísimas estrategias de estos seres malignos. Estos seres son llamados «nefilim» según el Génesis, «Satanás» o «demonios» según el cristianismo, «demiurgos» según los gnósticos, «jinas» o «eblis» según el islam, «Ariman» o «asuras» según los zoroastrianos, «reptilianos» según los ovnílogos, «deros» según Shaver, «annunaki» según Zecharia Sitchin, «teócratas» según Kyle Griffith, «arcontes» según Gurdieff, Baines y otros autores, «loas» según el vudú, «la Hermandad» según Brambley, «nagas» según los hindúes, «xibalbá» según los mayas, «chitauri» o «imanuhila» según los zulúes sudafricanos, o «malos espíritus» en todas las religiones sin excepción.

El origen de todos estos malos espíritus es un tema fascinante que requiere ser tratado con detenimiento y que nos llevará hasta los límites de lo creíble y aceptable.

IX

OVNIS Y RELIGIONES
(PARTE 3)

En páginas anteriores decíamos que para explicar el origen de estos «malos espíritus» que nos encontramos sin excepción en todas las culturas y religiones y que habíamos identificado con ciertos pilotos de los ovnis, y para conocer su manera de actuar en nuestro mundo, no tendríamos más remedio que adentrarnos en el resbaladizo reino de la conspiranoia. Es muy posible que nos equivoquemos, pero no pensamos que nos equivocamos más que los doctrinarios de todas las religiones y que los científicos e intelectuales que desconocen la presencia de estos seres extrahumanos entre nosotros.

La historia del ser humano sobre la Tierra tiene muchos misterios que mientras estemos metidos en esta carcasa de carne no seremos capaces de desentrañar por completo. Pero una vez que sabemos que entre nosotros hay seres que han venido de otros mundos, tenemos muchos más datos en los que apoyarnos para investigar la influencia de estos seres en la atroz e inhumana historia humana y para imaginar alguna hipótesis que nos explique sus orígenes, sus intenciones y su manera concreta de actuar. Su gran tarea a lo largo de muchos siglos y milenios ha sido la de engañar a los humanos, haciéndonos creer que ellos eran dioses y que querían ayudarnos en nuestras dificultades, cuando la realidad era que ellos eran los que nos causaban todas las dificultades —y no son pocas— que los humanos sufrimos a lo largo de nuestras vidas.

Las estrategias de las que se valen para seguir engañándonos y para seguir manteniendo a nuestro planeta como un verdadero infierno para gran parte de sus habitantes, aparte de perversas y enormemente inteligentes, son tan refinadas que es lógico que la gente se resista a creerlas. Los «intelectuales» se reirán de nuestra credulidad, pero nosotros los conspiranoicos también tenemos muchas razones para reírnos de los científicos que tan ingenuamente y por tanto tiempo se han dejado engañar.

Volvamos a los orígenes del judeocristianismo. En páginas anteriores hablamos de pasada de los dioses mesopotámicos contemporáneos de Abraham, el padre de la religión judaica. Estos dioses tienen muchísimo que ver con el tema que estamos tratando. De su existencia y de la relación que tenían con aquellos pueblos, tenemos muchos documentos, y por ellos podemos saber que eran unos seres:

— reales,
— físicos;
— visibles;
— muy crueles;
— amantes de la sangre;
— muy sexuales;
— semizoomorfos.

Algunos de los documentos pétreos en los que podemos ver la inmediata presencia de estos dioses son la estela de Mesá, el cilindro de Ciro, el obelisco de Salmanasar o los códigos de Hamurabi, en los que hay unos «mandamientos» y leyes anteriores a las de Moisés, y los del rey Lipit-Ishtar o los hallados en Tell Harmal. Pero la fuente más importante de noticias sobre las creencias de aquellos pueblos y sobre sus dioses son las famosas tablillas de Ur y Ugarit, traducidas por Arno Poebel, Edward Chiera y Zecharia Sitchin y muchos otros especialistas en escritura mesopotámica, y más aún las de Ebla, en Siria, en las que Paolo Matthiae, de la Universidad de Roma, encontró una biblioteca con más de 20.000 tablillas de arcilla.

En el cilindro de Ciro (una pieza de terracota que hoy mantiene enfrentado al gobierno de Irán con el Museo Británico) se puede leer en caracteres cuneiformes: *«Marduc ordenó a Ciro que fuese a Babilonia, y lo acompañó durante todo el camino a su lado, como un compañero y amigo».* En la tablilla nº 3.191 del Museo de Antigüedades Orientales de Estambul, datada el año 2050 antes de Cristo, se lee: *«Después de creado el mundo, y cuando el destino de Sumer y de la ciudad de Ur estaba decidido, An y Enlil* [los dos principales dioses sumerios] *nombraron rey de Ur al dios Nanna y este, a su vez, escogió a Ur-Nammu como su representante terrestre».* En la epopeya sumeria de Gilgamesh, del tercer milenio antes de Cristo, hay muchos ejemplos de la relación de este héroe semidiós con los «dioses».

En todos estos documentos, Enlil, Enki, Moloc, Ishtar, El, Baal, Shamash, Marduc, Dagón y toda una serie de «dioses» o de seres extrahumanos interfieren directa e inmediatamente en las vidas de aquellos pueblos, ordenándoles lo que tienen que hacer, ayudándolos físicamente en sus batallas o castigándolos si no obedecen sus mandatos. A veces, la intervención era tan visible y física como la que nos decía el cilindro de Ciro, o como cuando Yahvé, desde lo alto, apedreó a los amorreos para ayudar a Josué en la batalla y hacer huir a los enemigos: «Mientras huían ante Israel, Yahvé lanzó desde el cielo sobre ellos grandes piedras de las que morían. Y fueron más los amorreos que murieron por las piedras que los que mataron los israelitas al filo de la espada» (Josué 10, 11).

Y si seguimos leyendo la Biblia, nos encontramos con que a Abraham, su «dios» Yahvé, además de hablarle, aparecérsele normalmente en una nube que descendía hasta la tienda del tabernáculo y ayudarle físicamente en la batallas, se le aparecía también visiblemente en forma humana, tal como sucedió en el encinar de Mambré, donde se presentó delante de su tienda acompañado de otros dos seres «celestiales» (Génesis 18, 1-15). Estos dos seres acompañantes, después de estar con Abraham, caminaron por su cuenta hasta el vecino pueblo de Sodoma, y no solo eran visibles y físicos, sino que además eran tan bellos que los sodomitas, que por lo que parece eran un pueblo muy corrupto, quisieron abusar sexualmente de ellos, siendo esta la causa de que Yahvé destruyese Sodoma haciendo descender un gran fuego sobre la ciudad (una inequívoca señal del gran poder físico de estos seres sobre los elementos).

Naturalmente, si su apariencia era de seres humanos bellos, esto no se compagina con su zoomorfismo. Pero conviene tener en cuenta que, tal y como ya dijimos, tanto entonces como ahora muchos de estos seres tienen la capacidad de transformar su apariencia, y cuando interfieren con los humanos suelen adoptar, cuando les conviene, formas totalmente indistinguibles de las nuestras, y tal como afirman muchos de los contactados de hoy, algunos son extraordinariamente bellos.

A modo de paréntesis y para confirmar lo dicho, diré que esta presencia física de los «dioses» que encontramos en las mitologías y culturas de los pueblos antiguos la encontramos también en las muy abundantes noticias que los cronistas de Indias nos dan de los pueblos sudamericanos recién descubiertos. Pedro Cieza de León, en su muy extensa y documentada *Crónica del Perú*, del siglo XVI, nos habla de esta presencia física de sus dioses: «... hablan con el demonio y por su consejo hacen muchas cosas conforme a lo que les mandan». Y el padre Charlevoix, en el libro *Histoire du Paraguay*, publicado en 1757, en el que resume las *Cartas Annuas* que los jesuitas mandaban cada año a Roma, dice: «Estos indios honran grandemente a los demonios que se les hacen ver, dicen, en las formas más asustadoras». Lo mismo y aún de una manera más clara podemos encontrar en los *Chilam Balam* y sobre todo en el *Popol Vuh* de los mayas, cuando se dice que las estatuas de piedra de sus dioses se convertían repentinamente en seres vivos.

Terminado este paréntesis, volvamos al Antiguo Testamento, donde inexplicablemente nos encontramos que Yahvé le exigía a Abraham los mismos sacrificios sangrientos que los otros dioses, lo cual nos lleva a sospechar mucho de él. Recordemos que a pesar de las apariencias y de su disfraz de «dios bueno» llegamos a la conclusión en páginas anteriores de que Yahvé era uno más de estos dioses mesopotámicos, con las mismas intenciones y comportamiento que ellos. Y lo podemos ver en el hecho de que muchos años después, el «dios» que se le aparecía a Moisés (que según la religión judaica era el mismo Creador del Paraíso y el mismo Yahvé que se le aparecía a Abraham en forma humana) le dijo: «Que tome Aarón dos machos cabríos y que me los presente a la entrada de la Tienda de la Reunión. Después, tiene que echar suertes sobre los dos machos cabríos, uno será para mí y otro para Azazel. El que me haya correspondido a mí, me lo ofrecerá como sacrificio por el pecado, pero el que le haya correspondido a Azazel, me lo presentará también a mí, pero se lo soltará vivo en el desierto para Azazel».

Lógicamente el lector se preguntará quién es este Azazel. Y he aquí lo que dice en una nota la muy acreditada Biblia de Jerusalén: «Azazel es el nombre de un demonio que los antiguos hebreos y cananeos creían que habitaba en el desierto». Es decir, que tenemos al Dios Universal ¡respetándole sus derechos a un demonio! Un demonio que, por lo que vemos, no era un simple espíritu, y curiosamente por otras fuentes sabemos que Azazel era el nombre de uno de los dioses sumerios.

En cuanto a su zoomorfismo, y más en particular a su apariencia serpentina, ya en páginas anteriores hicimos alusión al culto que en todos los pueblos de la antigüedad se dispensó a los ofidios, fuese en forma de lagartos, dragones o serpientes. Y una vez más, si nos asomamos a la Biblia, el primer personaje con que nos encontramos en el Paraíso es nada menos que una serpiente en plena conversación con nuestros primeros padres, tratando de engañarlos e incitándolos a la desobediencia. No solo es enormemente extraño que su primer confidente sea un animal, sino que además sea precisamente un ofidio, lo mismo que ocurre en la mayoría de las mitologías. Esto, si bien mitifica la escena del paraíso, da fuerza a la creencia en una mitología universal sobre el culto a la serpiente. Nuestra aseveración de que estos «dioses» adoptaban cuando querían una apariencia física y de que a pesar de su pretendida divinidad eran muy sexuales se basa en que tanto en las religiones mesopotámicas como en muchas otras culturas los vemos raptando mujeres y teniendo descendencia con ellas. Y si nos asomamos a la Biblia, de nuevo nos encontramos con una confirmación de esto cuando leemos en el capítulo 6 del Génesis: «Cuando los hombres empezaron a multiplicarse sobre la Tierra, les nacieron hijas y los *elohim* se dieron cuenta de que las hijas de los hombres eran hermosas y tomaron por esposas aquellas que les gustaron». Un testimonio más de que eran muy físicos.

Antes identificamos a los malos espíritus de todas las religiones con los tripulantes de los ovnis de hoy, y por supuesto que a estos *elohim, nefilim* o «dioses» de los que estamos hablando tenemos que considerarlos como malos espíritus. Pero la identificación que hacemos de ellos con Satanás —el Mal Espíritu del cristianismo— tiene unas raíces y unas consecuencias mucho más profundas.

De las siete características que antes atribuimos a estos seres, hay dos que, aparte de ser más difíciles de admitir, tienen especial importancia en la identificación que de ellos hacemos con el fenómeno ovni: la del zoomorfismo y la de la sexualidad.

En cuanto a la del zoomorfismo, se conservan en museos estatuas de dioses mesopotámicos que extrañísimamente tienen cara de reptil, y lo mismo se puede ver en muchas de las tablillas mesopotámicas y en los bajorrelieves de varios templos egipcios. En líneas anteriores ya hablamos del gran favor que Hollywood le hizo, con la serie *V*, al encubrimiento por parte de las autoridades de seres extraterrestres zoomorfos entre nosotros. Y aquí no hay más remedio que volver a citar a

David Icke, que a pesar de no ser, ni mucho menos, el único defensor de las formas animalescas de muchos de los visitantes extraterrestres, se ha convertido en el blanco de los críticos por su extrema y casi suicida defensa de las transformaciones de las caras de ciertos personajes públicos en lagartos. Pero el lector tiene que saber que si no de una manera tan clara y tan expeditiva como Icke, hay otros autores, como Anton Parks, R. A. Boulay y John Rhodes, que por caminos distintos han llegado a las mismas o similares conclusiones.

De mi experiencia personal yo puedo afirmar que he conocido y tratado a tres personas que han vivido de maneras muy diferentes este hecho. Una de ellas, mexicana de clase alta y gran devota de algún «santón» hindú, al que visitaba casi cada año, tras repetidas negativas logró por fin que le permitiese tomarle una fotografía. Cuando la tomó, el santón le dijo con una especie de sorna algo así como: «Aténgase a las consecuencias», algo que ella interpretó como un: «Allá usted». A su regreso a México, reveló el carrete y se encontró con que, en lugar de aparecer el gurú en la foto, se veía una serpiente erecta y con la cabeza horizontal. Cuando me contó el hecho y me enseñó la fotografía, yo lo atribuí a un detalle más de su fanatismo y no le presté mayor atención, cosa que no hubiese sido así si yo entonces hubiera conocido todo lo que ahora sé de la callada intromisión de los reptilianos en nuestras vidas. Con tristeza tengo que decir que la buena señora, una excelente persona, terminó sus días de muy mala manera, enloquecida por los espíritus y guías que la dirigían.

El segundo caso sucedió en Puerto Rico, cuando visitaba la casa de un contactado que desde niño y en circunstancias muy diversas había tenido muchos encuentros con seres extraterrestres. Cuando me explicaba cómo había sido la visita que uno de ellos le hizo a la misma casa en la que estábamos, le pregunté qué aspecto tenía el ser. Me dijo que si yo le daba un lápiz él me dibujaba su cara. Todavía conservo su rudimentario dibujo, en el que, a pesar de su tosquedad, se puede ver un cuerpo humano pero con una cabeza con los claros rasgos de un lagarto. Las experiencias de este hombre son de no creerse, pero lo bueno es que de muchas de ellas tiene testigos y yo mismo me encargué de verificarlas, tal como describí en *La granja humana*.

El tercer caso sucedió también en México, hace ya treinta años. Como la señora vive todavía, y a pesar de mi insistencia se ha mostrado renuente a recordar la experiencia, me abstendré de dar detalles. En una gran fiesta en la que se hallaban reunidas muchas personas de muy alto nivel social, cuando estaba conversando con una de sus amigas en un lugar algo apartado, notó con asombro y terror cómo la cara de su amiga se convertía casi instantáneamente en la de un animal. No recuerdo que me dijese que la cara era precisamente la de un ofidio, pero cuando me lo contaba era tal el terror que mostraba que tuve que pedirle que se sentara para que se calmase. De nuevo, mi ignorancia en aquellos tiempos acerca de todo lo que hay detrás del interesante fenómeno ovni me privó de profundizar en aquel caso, y cuando bastantes años más tarde lo intenté, me encontré que mi amiga no quería hablar de ello. Pero si bien no logré una mayor especificación de los hechos, indagando más sobre el caso descubrí que en aquella misma reunión estaba un muy importante personaje que en el libro de Cathy O'Brien *Trance Formation of America* se cita como una de las personas cuya cara ella, en repetidas ocasiones (en una de las muchas ceremonias satánicas a las que asistió como esclava sexual de los illuminati), vio cómo se transformaba en la de un lagarto.

En la abundante literatura ovnística se pueden encontrar muchos casos en los que los abducidos, contactados o simples testigos han visto seres con rasgos reptilianos.

Hace solo unos días conocí el caso de una joven rusa que residía cerca de la ciudad de San Petersburgo. Salió de su casa y, al no llegar a donde tenía que ir, sus familiares denunciaron el caso a la policía. Horas después la hallaron inconsciente y desnuda en una cuneta. Dijo que cuando iba en su coche se le puso encima una gran luz y ya no recordaba más hasta que se despertó en la cama del hospital. Pero posteriormente pudo recordar que había sido violada por un ser que tenía cara de lagarto.

El famoso chupacabras, que originalmente fue visto en Puerto Rico y que luego extendió sus apariciones y su actividad a unos cuantos países, tiene, a juzgar por las muchas personas que lo han visto a escasos metros, una cabeza que podría considerarse entre la de una cabra y la de un gran lagarto. De su existencia real no me cabe duda alguna, porque durante años lo he investigado a fondo, he visto sus huellas frescas encima de la tierra y tuve en mis manos algo desprendido de su cuerpo que tenía un fortísimo olor que no se podía comparar a ningún olor terrestre. Cuando se le dio a oler a una persona que no sabía cuál era su origen, casi se desmayó debido a la impresión que le produjo.

Aunque para los autodenominados «ufólogos» el aspecto sexual del fenómeno ovni no tenga una especial relevancia, y hasta tratan de disimularlo porque va contra las teorías de muchos de ellos, es sin embargo algo fundamental y de una enorme importancia en el fenómeno. Lo que leemos en la Biblia de los *elohim* o «hijos de Dios» enamorándose de las hijas de los hombres y engendrando con ellas a los *nefilim* es un brevísimo resumen y un prenuncio de la enorme actividad en torno al sexo que ciertos «extraterrestres» han desarrollado y desarrollan en nuestro planeta y de la importancia que para ellos ha tenido la generación y el instinto sexual en su interacción con los humanos. Los reptilianos a los que nos estamos específicamente refiriendo no son solo ellos exageradamente adictos a toda clase de actividades sexuales, sino que han usado estratégicamente el instinto sexual de los humanos a través de muchas generaciones para conservar su influencia sobre la raza humana, a la que siempre han dominado.

Al hablar de su sexualidad no me estoy refiriendo a sus abundantes experiencias de tipo genético en las que a los varones les extraen semen y a las mujeres óvulos o incluso las fecundan para extraerles el embrión o el feto al cabo de un tiempo. Me refiero a su exagerada sexualidad personal, de la que tenemos innumerables testimonios de contactados y abducidos, tanto hombres como mujeres, que dicen haber sido violados, a veces de las maneras más sádicas, por «extraterrestres» de todas las razas, y especialmente por seres de una estatura superior a la de los *grises* comunes y que con mucha frecuencia tenían cabeza de lagarto. Hace bastantes años publiqué en una revista un artículo en el que hablaba de dieciséis casos de varones que habían sido violados por «extraterrestres». Y por desgracia, esto no se queda aquí, sino que tiene ramificaciones más hondas e inquietantes, como veremos enseguida.

Linda Moulton Howe, a quien tuve el placer de servir de traductor en un congreso celebrado en Acapulco (México), es una de las personas que más seriamente han investigado el fenómeno ovni. En uno de sus escritos narra con todo lujo de detalles un escalofriante hecho que resume estas dos cualidades de nuestros dominadores: su zoomorfismo y su desmedida sexualidad. En 1995 dos amigos en Orlando, en el estado de Florida (EE. UU.), se bajaron del coche en el que iban cuando vieron cómo un ovni a muy baja altura se colocaba encima de una vaca, rodeaba su cuerpo con una especie de manguera y la elevaba unos metros del suelo. La manguera rodeó también el morro del animal, que mugía muy fuertemente. Al cabo de unos minutos la dejaron caer, ellos se acercaron y vieron que estaba muerta, pero se habían llevado parte del morro. (De un hecho similar, en el que le faltaba parte del morro a una vaca, yo fui testigo en 1980 en Puerto Rico tras una incursión nocturna de ovnis). Al volver al coche cayeron en la cuenta de que inexplicablemente habían pasado dos horas y tenían su cuerpo dolorido y con muy extrañas sensaciones. Uno de ellos recordó repentinamente cómo habían sido llevados al ovni y cómo dos seres con apariencia de lagartos y fuertes colas, de alrededor de 1,75 metros de altura, que caminaban sobre sus patas traseras, los habían sodomizado después de inmovilizarlos. Uno de los jóvenes estuvo todo el tiempo inconsciente, pero el otro, que intentó defenderse por la fuerza, recordó no solo los pormenores de los humillantes actos a los que se vieron sometidos sino todos los detalles de los cuerpos de los lagartos, en especial de sus muy extraños ojos, y las muchas pantallas que había en la pared de la sala circular en la que fueron violados.

Llegados a este punto no tenemos más remedio que adentrarnos aún más por los campos de una conspiranoia que, si bien tiene partes dudosas, tiene también muchos hechos que la corroboran. Estos hechos son que aquellos «dioses», que según nos dice la Biblia se unieron a las hijas de los hombres, al hacerlo parece que dejaron unas «líneas de sangre» que se han conservado a lo largo de los siglos y que constituyen las familias de las que a lo largo del tiempo han salido los más importantes líderes de la raza humana. En palabras más de acuerdo con la terminología moderna, estos «dioses» dejaron en el ADN de sus descendientes unos genes que los dotaban de una inteligencia superior, al mismo tiempo que hacían sus mentes más penetrables y más manipulables. Muy probablemente los niños índigo de nuestros días tienen mucho que ver con todo esto, al igual que el desproporcionado número de genios y personas inteligentes que desde siempre se han dado entre los hijos de Israel. En mi libro *Israel pueblo-contacto* intuí algo de esto, aunque entonces me quedé muy lejos de llegar hasta la raíz de los hechos.

Con el paso de los siglos, estos genes, aparte de conservarse, se han ido expandiendo y ramificando entre todos los pueblos de la Tierra, y los individuos que los poseen han ido siendo seleccionadamente elegidos por estas inteligencias extraterrestres para ocupar puestos importantes en el liderazgo de los pueblos. El fin último de esta elección es el mantener el dominio sobre toda la raza humana, valiéndose de estos inconscientes testaferros. Y debido a que los antiguos «dioses» sumerios —los actuales ovninautas reptilianos— no han cambiado nada en su malignidad ni en su odio a los seres humanos, se han ocupado muy bien a lo largo de los milenios de ir poniendo al frente de las naciones a individuos «de su sangre» que, en vez de construir una sociedad pacífica, hiciesen de este mundo una constante batalla campal y un auténtico valle de lágrimas y desgracias. **Esa es la razón de la**

triste historia de la humanidad y la causa honda del mal en el mundo.

A lo largo de los siglos vemos a personas con un extraordinario poder al frente de los destinos de los diversos pueblos. En muchas ocasiones, eran generaciones enteras de la misma familia las que se mantenían el poder a lo largo de muchos años. Naturalmente no tenemos pruebas de que estos poderosos personajes históricos tuviesen genes heredados de los «dioses» sumerios, acadios y babilonios o de que perteneciesen a las «líneas de sangre» originarias de los *elohim* de las que nos hablan algunos autores. Sin embargo, sí es muy curioso que personajes contemporáneos nuestros, que tienen el control de países muy importantes, tengan entre ellos muchos vínculos familiares y en cierta manera se pueda decir que provienen todos de un tronco común; y más curioso todavía es que de algunos de ellos sepamos con certeza que son descendientes de ciertos personajes históricos muy poderosos.

Ateniéndonos a nuestro tiempo, apellidos como los norteamericanos Bush, Clinton, Cheney, Poindexter, Morgan, Warburg, MacNamara, Rockefeller, Brzezinski, Dulles y muchos otros de la élite industrial y financiera de Wall Street, o los europeos Rothschild, Rhodes, Milner, Soros, Kissinger, Albright, Carrington, Heath, Churchill, Mountbatten, Rettinger (no confundir con Ratzinger), más los de las tradicionales familias reales y nobles de Europa, según expertos genealogistas, tienen sospechosamente muchos **ancestros comunes** muy poderosos, y las genealogías de algunos de ellos se remontan a la alta Edad Media, siempre en puestos de mando. A esto tenemos que añadir que todas estas mismas familias y personajes, a pesar de ser una ínfima minoría comparados con el total de la población mundial, tienen a través de la industria farmacéutica, armamentística, petrolera y bancaria el **control de las finanzas de la humanidad**. Y aunque a algunos les parezca increíble, muchos de estos famosos y «honorabilísimos» personajes son los grandes responsables del tráfico de drogas a nivel mundial, tal como pudimos ver en las primeras páginas de este escrito. (A mediados del siglo XIX, algunas de estas mismas familias fueron las que motivaron la guerra del opio en China y las que se beneficiaron de él, y ya en nuestros días, Bush padre se apresuró a invadir Panamá con un motivo aparente, para detener enseguida y silenciar al general Noriega, cuando este se le rebeló, pues, tal como nos decía Casey, el exdirector de la CIA, Noriega era su principal aliado en la introducción de toneladas de cocaína en Estados Unidos, y con su venta a través de la mafia llevaban a cabo todas las sucias *black ops*[13] a espaldas del gobierno. Como resultado de la innecesaria invasión murieron tres mil panameños. Increíble y poco conocido, pero cierto). Esto es lo que ha hecho que muchos militares y funcionarios de alto rango se hayan decidido a hablar y a publicar libros cuando han descubierto las terriblemente corruptas actividades de su propio gobierno. A muchos de ellos les ha costado la vida.

Han ahondado más en este increíble pero fascinante tema investigadores como Ted Gunderson, Mark Phillips, Henry Makow, Bill Cooper, Ivan Fraser, Alex Jones, Loreda Fox y muchos otros autores a los que, por supuesto, las autoridades

---

[13] Las *black ops* o *black operations* son operaciones encubiertas que acostumbran a estar vinculadas con actividades clandestinas y al margen del protocolo militar estándar o incluso de la ley. Pueden estar relacionadas con asesinatos, extorsión, sabotaje, tortura, experimentación humana, etc.

se han encargado de desmentir y desprestigiar, cuando no de encarcelar o asesinar.

Mucha gente relaciona estas ideas con los famosos *Protocolos de los Sabios de Sión* (que las autoridades han tratado repetidamente de desprestigiar), aparecidos a finales del siglo XIX y atribuidos a un grupo de judíos sionistas. En ellos se narran con una gran precisión y con un siglo de anticipación muchas de las preocupantes situaciones en las que se halla en la actualidad el planeta. Por mucho tiempo, yo creí que efectivamente muchos de los males que aquejan a nuestra sociedad eran fruto de este contubernio de sionistas judíos, pero en la actualidad creo que los judíos han sido cogidos por los extrahumanos como chivos expiatorios para que todas las sospechas y culpas caigan sobre ellos y los humanos no caigamos en la cuenta de quiénes son nuestros verdaderos enemigos. Cierto es que los judíos, engañados y fanatizados por el maligno Yahvé, han cometido tremendos abusos en Palestina, pero también es cierto que muchos de estos personajes importantes, entre los que se encuentran de manera prominente numerosos miembros de la familia Rothschild (Koffi Anan, el turbio expresidente de la ONU, «casualmente» estaba casado con una Rothschild), son en Israel tenidos por judíos traidores y renegados, pues no son creyentes y más bien están usando a sus hermanos de sangre para acrecentar aún más sus enormes fortunas y para mantener su propio poder. El que quiera profundizar en este tema —que tiene mucho que ver con el actual caos económico mundial— puede leer el libro de George Armstrong *Rothschild Money Trust*.

Podría terminar aquí todo este escrito en el que he tratado de relacionar y de identificar a estas malvadas inteligencias humanas y extrahumanas que atormentan a la humanidad con las inteligencias que están detrás de los ovnis y con las originales creencias religiosas y mitologías de todos los pueblos, pero no sería honesto con el lector si, por miedo a ser tomado como demasiado crédulo, no le informase de algo tenebroso que subyace en todo este asunto. Admito que lo que diga a partir de aquí rozará —una vez más— el borde de lo creíble, pero por desgracia tiene muchos puntos de apoyo.

Si el lector conoce o por lo menos ha oído hablar de los illuminati, del proyecto Mind Control, del EDOM, de los llamados *múltiples*, de los *milabs*, de los implantados, de los varios MK, de los *Montauk boys* o de los proyectos Monarch, Artichoque y Paperclip sabrá a qué me estoy refiriendo, aunque es muy posible que lo haya considerado como una pieza más de la exagerada y contradictoria desinformación que circula en determinados ambientes y que estas perversas autoridades han sabido usar a la perfección para tenernos siempre con la duda o incluso en una total ignorancia. De cualquier manera, el hecho de conocer muchos casos de abducciones y aterrizajes de ovnis, o de haber entrevistado a muchos contactados, es no pasar de la epidermis del fenómeno ovni y me atrevería a decir que también del fenómeno religioso.

Reconozco que ignoro si sobre este tema se ha publicado en español algún libro que valga la pena. Sí es cierto que en internet, sobre todo en inglés, se puede hallar cantidad de información en la que lo cierto está mezclado con lo falso. Y reconozco también que este tema es la esencia de la conspiranoia y que soy un audaz al atreverme a tratarlo, aunque lo haga de una manera muy superficial. No lo haría si no tuviese para ello poderosas razones. En inglés no son pocos los libros que se han publicado e incluso se han hecho películas que de una manera más o menos explícita han tratado el tema, pero curiosamente —más bien lógicamente— tales filmes y libros han conseguido muy poca difusión, han sufrido acerbas críticas o un silencio ominoso por parte de la prensa y, en ocasiones, han desencadenado una positiva persecución en forma de prohibiciones o de amenazas a sus autores. En concreto, uno de ellos lleva varios años en la cárcel acusado de delitos falsos. Algo semejante a lo que le espera al autor de Wikileaks (a no ser que Wikileaks sea otra sutil estratagema). Estos hasta ahora han tenido suerte, porque otros *whistleblowers*[14] murieron por un «accidente» o de muerte «natural». En este mundo, cuyo «príncipe», según Jesucristo, es el rey del engaño y de la muerte, el decir grandes verdades es altamente peligroso.

Todo este tenebroso asunto está íntimamente relacionado con las «líneas de sangre» de las que acabamos de hablar, con los genes de los dioses hititas, acadios y sumerios, con los descendientes de los *nefilim* y de las hijas de los hombres que leemos en la Biblia y con los «híbridos reptil-hombre» de los que nos hablan los autores citados. Determinados individuos de esas «líneas de sangre» y portadores de esos genes forman parte de la «élite» de la humanidad actual y constituyen un supersecreto grupo que ellos mismos denominan «la Familia», que tiene extendidos sus tentáculos por el mundo entero y entre todas las razas. «La Familia» (también llamada «la Hermandad») es un contubernio supersecreto compuesto por humanos totalmente dominados por inteligencias

---

[14] Se conocen con este nombre a los informantes o «chivatos» que permanecen en el anonimato y hacen públicas actividades generalmente ilegales o inmorales de gobiernos, grandes empresas, organizaciones públicas o privadas, etc.

extrahumanas y por híbridos reptilianos de apariencia completamente humana. He aquí algunas de las cualidades y características de estos individuos:

- ❖ Suelen tener un cociente intelectual muy alto, y gozan en la sociedad y en los grandes medios de comunicación de una excelente reputación; de entre ellos es de donde los extrahumanos escogen a los que van a ser líderes de las naciones y de las grandes instituciones internacionales.
- ❖ Sus mentes, debido a su ADN manipulado, son muy fácilmente penetradas y dominadas por inteligencias extrahumanas.
- ❖ Son completamente amorales.
- ❖ Obedecen ciega e inconscientemente a sus dominadores ultrahumanos.
- ❖ Desde que nacen comienzan a ser esclavizados por sus padres (que también pertenecen a «la Familia»), lo mismo que ellos harán con alguno o algunos de sus hijos.
- ❖ Esta esclavitud y dominio de sus mentes lo logran mediante torturas físicas increíbles y mediante refinadas estrategias psicológicas. (Uno de los métodos de tortura más empleados es la violación sexual, que empieza ya desde la cuna).
- ❖ El resultado de estas torturas es la ruptura de la personalidad del niño, dando lugar a los llamados *múltiples* (o de personalidad múltiple, anomalía bien conocida en psiquiatría), que pueden comportarse de maneras completamente diferentes, sin que una parte se acuerde de lo que ha hecho la otra. Algunos de estos *múltiples*, sobre todo niñas, son usados como esclavos

sexuales al servicio de miembros prominentes de «la Familia».

❖ La economía mundial está dominada por los miembros de esta «Hermandad», que **son todos multimillonarios y entre todos tienen el control de la banca mundial y de los medios de comunicación más grandes del planeta**. («La Familia» fue la que en siglos pasados inició el sistema bancario y ha causado todas las grandes crisis financieras, incluida la actual).

❖ Miembros de «la Familia» —auténticos esclavos mentales equiparables a los posesos— celebran reuniones secretas en las que se practican toda suerte de ceremonias repugnantes y satánicas.

En español apenas hay publicaciones de esta temática específica, y lo que leemos en la prensa son noticias superficiales cuando no desinformadoras, lo cual es una prueba más de los larguísimos tentáculos de «la Familia» sobre los medios de comunicación en todo el mundo. En cambio, en inglés hay unos cuantos libros serios sobre este tema tabú. Gracias al milagro de internet, el lector podrá encontrar abundante información en los libros y autores que más abajo presento, teniendo siempre en cuenta que todo el material de la red tiene que ser cribado con gran cautela.

Aún después de la criba, no aseveramos que sea exacto todo lo que se dice, y tenemos la certeza de que hay cosas inexactas. Un ejemplo de ello es el papel que algún autor les hace jugar a los jesuitas en todo este tema. En mis treinta años de permanencia en la Orden, y habiendo conocido y tratado muy de cerca a muy importantes miembros de ella (incluso al que fue el General de la Orden, Pedro Arrupe), nunca pude ver nada que me lo hiciese sospechar. Estas aseveraciones las atribuyo más bien a desinformación calculada con la que intoxicaron a los autores para restar credibilidad al resto de las tremendas verdades que ellos denuncian en sus libros. Algo por el estilo creo se puede decir de las noticias que se refieren al Vaticano.

Le resumiré al lector cinco grandes estrategias reptilianas:

— **disminución de la población del planeta;**
— **control de la población (microchips, tarjetas de crédito, internet, televisión, etc.);**
— **caos financiero y dependencia económica (hipotecas, deudas);**
— **malnutrición «científica» inducida;**
— **depravación de costumbres.**

Y seis grupos de trabajo:

— **drogas-pornografía;**
— **política;**
— **empresas;**
— **ritos y cultos;**
— **medios de comunicación;**
— **control mental de gente concreta.**

Comenzamos todo este escrito apoyándonos en la frase de Charles Fort «*We are property*». Por desgracia, la mayor parte de la humanidad aún no se ha enterado de esto, y por eso no se ha dado cuenta de lo que los «propietarios» han estado haciendo con nosotros durante muchos siglos y ni siquiera ahora, cuando ya están actuando de una manera descarada. Pero es hora de que despertemos y nos defendamos, antes de que sea demasiado tarde. Y a juzgar por el estado convulso y semicaótico en que está hoy en día la humanidad acosada por tantos y tan graves problemas, da la impresión de que, si no reaccionamos, nos esperan tiempos muy difíciles.

He aquí algunos de los autores que tratan esta temática:

— Cathy O'Brien & Mark Phillips (*Trance Formation of America*);
— Kathleen Sullivan (*Unshackled*);
— Carol Rutz (*A Nation Betrayed*);
— Brice Taylor (*Thanks for the Memories*);
— Annie McKenna (*Paperclip Dolls*);
— Hersha sister's (*Secret Weapons*);
— Wayne Morris (entrevista a Bryce Taylor);
— David Icke (*The Biggest Secret* y otros libros suyos);
— Fritz Springmeier (varios libros);
— Henry Makow (entrevistas);
— Ted Gunderson (PDF en internet);
— Greg Szymanski (entrevista a Svali en internet);
— Alex Jones (vídeos en internet);
— Christian O'Brien (*Genius of the Few* y *The Shining Ones*);
— Andrew Collins (*From the Ashes of Angels: The Forbidden Legacy of a Fallen Race*);
— Ronald Stich (tres libros);
— Aaron Russo (*De la libertad al fascismo*);
— R. A. Boulay (*Flying Dragons and Serpents*).

Insisto en que es muy posible que en alguno de estos autores haya «desinformación» o exageraciones y hasta alucinaciones, pero lo que ellos afirman está más cerca de la realidad que la negación total de los hechos. Tengo muchas razones personales y concretas para creerlo.

Terminado ya este escrito, llega a mis manos un pequeño libro en el que paralelamente se trata el mismo tema de una manera muy profunda y documentada. Aunque su autor explique los hechos de una manera diferente de como yo lo hago, haciendo hincapié en la doble creación de la raza humana, sin embargo estamos totalmente de acuerdo en lo fundamental: el ser humano ha estado siempre dominado por seres suprahumanos malignos y en la actualidad estos seres están haciéndose presentes de una manera más manifiesta. El libro es *La antigüedad del futuro*, de Armando H. Toledo, que puede descargarse gratis en internet.

X

DIOS

Es muy lógico que al terminar de leer estas páginas muchos lectores se pregunten: ¿y dónde queda la imagen del Dios providente que nos inculcaron desde la infancia? ¿Estamos completamente indefensos y a merced de las maldades de estos seres perversos que desde las sombras dirigen el mundo valiéndose de nuestras corruptas autoridades? ¿No hay un Más Allá después de esta vida? ¿No merecerá la pena el haberse sacrificado por obedecer a la conciencia y el haber tratado de actuar siempre rectamente? Justas preguntas que merecen una contestación y que, por supuesto, no creo que sea infalible si viene de mi parte, aunque tampoco le atribuyo infalibilidad a ninguna autoridad humana, por muy alta que sea.

Yo me considero un agnóstico que cree en Dios. Más propiamente, diría que soy un semiagnóstico. Etimológicamente hablando, no soy agnóstico en cuanto que *sé* que hay Algo que está por encima de la Creación y de mi inteligencia;

pero sí soy agnóstico en cuanto que *no sé* cómo es ese Algo. Reconozco humildemente que mi pequeño cerebro no da para tanto; no da para hacerse una idea de cuál puede ser la Causa Primera del Infinito Universo. Dicho en términos de un creyente, cómo puede ser la esencia del Creador de millones de galaxias, y dicho en términos de un agnóstico, cuál puede ser la Razón Primaria del Cosmos.

No quiero cometer la ingenua pedantería de todos los teólogos del mundo, que se han hartado de definirnos a Dios, de despiezarlo, de levantarle calumnias atribuyéndole infiernos eternos, de convertirlo en hombre y hasta de hacerlo morir en una cruz. Sencillamente renuncio a meterme en camisa de onces varas y a faltarle al respeto a Dios, haciendo de Él una triste caricatura. Eso es lo que han hecho todas las religiones con sus mil dioses.

Pero yo creo en Dios, porque tampoco quiero caer en la pedantería de los Dawkins y de los Hawkings que han llegado a la sabia conclusión de que no hace falta la idea de un Creador, porque la ciencia puede explicarnos, si no del todo, por lo menos con bastante aproximación, cuál fue el explosivo del Big Bang inicial que causó semejante infinitud de vida. Ellos también carecen de las pruebas que nos exigen a los creyentes.

Es cierto que no creo en los libros con que muchos creyentes nos muestran a su Dios en cada una de sus religiones porque, aparte de la diversidad y de las contradicciones con que nos lo presentan, el resultado final es de una suma infantilidad. Del Dios del Pentateuco ya hemos hablado bastante en páginas anteriores y le hemos rebajado la categoría de creador, de protector, de salvador y hasta de buena persona, a juzgar por sus frecuentes ataques de ira, y por cómo se ha comportado con su «pueblo escogido». Del Dios que el cristianismo nos presenta en el Nuevo Testamento hablaremos enseguida, porque lo enfocamos de una manera completamente diferente al Yahvé del Antiguo Testamento. En los evangelios, Jesucristo nunca nombra al dios del Pentateuco, y cuando habla de Dios siempre dice «mi Padre». Yo, aun sin saber cómo es, creo en ese ser al que Cristo llamaba Padre.

¿Cuáles son mis razones para creer en Dios? Son infinitas. Y están todas manifiestas en esa otra Biblia gigante que es la naturaleza, con sus vidas y sus muertes, con sus bellezas y sus cataclismos. Y el Creador va pasando lentamente cada día las páginas de su Biblia con el sol de cada ocaso. Después de ser testigo a diario de todos los milagros de la creación, de haber visto la infinita variedad de la flora y de la fauna, la callada sabiduría con que todos los vegetales saben producir y programar sus semillas, la ternura con la que la feroz leona lame y mima a sus cachorros, el maravilloso canto del ruiseñor en una calurosa noche de verano o «la puntualidad de las rosas en la primavera», como dijo el poeta, uno no puede menos que sospechar que alguien muy sabio y muy poderoso tiene que haber andado de por medio. El que nunca se haya preguntado quién le dio cuerda a los electrones para que girasen incansables y vertiginosos en torno a sus núcleos y el que nunca se haya quedado pasmado ante la inmensa bóveda del firmamento bordada con millones de luceros es víctima de una triste castración mental. Y ponerse a describir la mente que está detrás de todo el Universo es señal de una gran infantilidad. Y creer que todo lo que existe es fruto de la casualidad o de una especie de gigantesco eructo de la Nada, que los pseudosabios han denominado «Big Bang», es un desvergonzado acto de pedantería.

¿Y qué hay más allá de esa puerta misteriosa que es la muerte? ¿A dónde nos llevan cuando morimos? Según los ateos, a ningún sitio, porque con la muerte volvemos a la nada de la que salimos cuando aparecimos en este mundo. Eso es parte de la ciencia-ficción que se han inventado los ateos. Los agnósticos nos conformamos con decir que no lo sabemos, pero estamos seguros —al menos yo— de que la vida sigue, porque aunque vemos que todo lo que vive muere, también vemos que la vida es inmortal. Viviremos de otra manera, pero seguiremos viviendo. Nadie sabe con certeza cómo será esa vida, por mucho que los doctrinarios de todas las religiones nos hayan estado hablando durante siglos de nirvanas, de infiernos y de huríes. Hasta los fieles de la Watch Tower, los ingenuos Testigos de Jehová, han echado también su cuarto a espadas en cuanto al Más Allá y tienen el mal gusto de prometernos la calamidad de que los que se porten bien —una triste minoría de 144.000 fieles— serán traídos de nuevo a este catastrófico planeta. A los que vuelvan, los acompaño en el sentimiento.

Los «dioses», sobre todo a través del espiritismo y de gran cantidad de apariciones, médiums y videntes, siendo consecuentes con su eterna tarea de meter miedo y de engañar, nos han presentado la ultravida de muchas maneras diferentes, pero no tenemos ninguna idea segura de cómo será el Más Allá. De lo que sí podemos estar seguros es de que la influencia de estos seres reptilianos, de estos «malos espíritus», de estos demiurgos que por siglos han tenido el dominio de este planeta, no tendrá nada que ver con nuestros espíritus una vez que nos veamos libres de nuestro caparazón material. Es lógico que los que en esta vida no hayan estado a la altura o no hayan aprovechado todas las oportunidades que les dieron, y, peor aún, si se han portado canallescamente contra sus semejantes, reciban alguna corrección. A estos sí sería lógico que los devolviesen a este desventurado planeta. No sería raro que hubiese naciones enteras subdesarrolladas compuestas de políticos y específicamente de expresidentes. Y no solo expresidentes de naciones, sino también expresidentes de bancos, de tribunales supremos, rectores de universidad, presidentes de grandes corporaciones y de instituciones internacionales; pero no en los mismos puestos que ostentaron, sino en los de aquellos a los que ellos hicieron sufrir con sus abusos y sus injusticias.

En las otras dimensiones, lo más natural para el resto de los humanos normales será que sigan ascendiendo peldaños en el Cosmos para la evolución de sus mentes y de sus espíritus.

Pero de lo que sí creo que debemos estar seguros es de que el panorama que nos vamos a encontrar, una vez que desencarnemos, es completamente diferente del que nos anunciaron los doctrinarios de todas las religiones. Ese panorama era en el fondo para tenernos atemorizados, porque un espíritu angustiado es una presa fácil para estos depredadores del Cosmos y una fuente abundante de las sutiles energías psíquicas de las que ellos se nutren.

Y una vez más tendremos que recordar que no solo existen «espíritus malignos». Aunque, como ya dijimos, en nuestro planeta tengan muy coartada su capacidad de interferir con la actividad humana, indudablemente existen también «espíritus benignos», y de ello tenemos muchos ejemplos tanto en el mundo de las religiones como en el de los ovnis. Conozco a personas a las que el contacto con seres extrahumanos les ha resultado a la larga muy beneficioso. Y digo a la larga porque también conozco a otras para las que, a corto plazo, parecía que el trato era positivo, pero con el tiempo resultó perjudicial y en algunos casos funesto. Un caso más del engaño y de la crueldad con la que disfrutan estos misteriosos demiurgos malignos. Y en cuanto a la religión, es innumerable el número de personas en el mundo entero a las que la religión les ha servido de ayuda y de guía para su conducta diaria y de consuelo en las muchas tribulaciones de las que está llena la vida de los humanos.

Y aquí tendremos necesariamente que hablar de Jesucristo, el «espíritu benéfico» que el cristianismo nos presenta como defensa contra el Maligno, tal como en muchos documentos eclesiásticos se le llama a Satanás.

Pero antes de hablar de Él me adelantaré a una posible pregunta que algún lector podría estar pensando hacerme: ¿cómo, después de haber mantenido durante años que las religiones, junto con las patrias, las razas y las diversas lenguas, son las principales estrategias que los «extraterrestres» han tenido para mantenernos desunidos y guerreando a lo largo de los siglos, nos dice ahora que el fundador de la más importante de las religiones es el que más nos puede ayudar contra los malos «extraterrestres»?

Hace tiempo escribí un libro titulado *Las religiones que nos separan*, y sigo pensando que todas las religiones fueron y siguen siendo una gran estrategia de los «extraterrestres» para mantenernos desunidos. La religión judaica no es ninguna excepción, pues tal como vimos en páginas anteriores, el Yahvé que se aparecía a Abraham y a Moisés, aunque se disfrazaba de Dios, eran tan cruel y sanguinario como Moloc, Baal, Marduc o Enlil. Pero aunque es cierto que el cristianismo nació del judaísmo, hay que hacer una gran distinción entre ambos. Precisamente para corregir el engaño del falso dios colérico del Génesis, semejante a los dioses sumerios y acadios, algún «Gran Ser Providente» nos mandó a un «Extraterrestre Bueno» llamado Jesucristo para corregir el gran engaño del dios judaico.

En páginas anteriores he citado, y en buena parte elogiosamente, a David Icke. Mezcladas con sus arriesgadas ideas hay grandes verdades de las que él puede considerarse como un abanderado. Pero, aparte de otras cosas, hay algo en lo que discrepo radicalmente de él, y es en su visceral enemistad con el cristianismo y en su idea sobre la inexistencia de Jesucristo y sobre la autoría de los evangelios. Abelardo Reuchlin, el autor en el que él se basa, no nos ofrece documento alguno de dónde ha sacado todas sus impactantes informaciones. Creo que Icke, que tanto habla de la manipulación a la que los humanos estamos expuestos, en este particular ha sido también manipulado y víctima de las sutiles estrategias reptilianas para desacreditar las otras grandes verdades que hay en sus escritos.

Sé que lo que voy a decir a muchos les sonará a herejía y a otros a ingenuidad, y ciertamente no me hubiese atrevido a decirlo hace años, cuando desconocía todo lo que hay detrás del mundo de los ovnis. Hoy, curado ya de un izquierdismo miope que me aquejó durante un tiempo, y habiendo recuperado mi respeto y mi apego a la prédica del misterioso Jesús de Nazaret, me atrevo a decirlo aunque con ello me gane el distanciamiento de amigos de los dos bandos. Considero a Jesucristo como a uno de esos buenos espíritus que ese SER que los humanos llaman «Dios» ha ido mandando a la humanidad a lo largo de los siglos para contrarrestar las influencias de los espíritus malignos. Reconozco que no entiendo algunas de sus maneras de actuar, pero reconozco también que yo no soy nadie para juzgar y comprender las obras de un ser tan extraordinario. Acepto totalmente los valores esenciales de su doctrina basados en la fundamental igualdad de todos los seres humanos y en la justicia, en el respeto mutuo y en el amor, que son los únicos que pueden traer la paz y la convivencia pacífica entre nosotros y que son radicalmente opuestos a los de los espíritus reptilianos que dominan el planeta. Esta es la razón de que lo vean a Él y a su doctrina como al mayor enemigo de sus engaños y de su dominio sobre la raza humana. La frialdad, el desprecio y hasta la inquina de muchos gobiernos y las solapadas campañas mundiales de los grandes medios de comunicación contra los valores y los principios cristianos, y especialmente contra la manera como los predica el catolicismo, son una señal de lo sometidas que están estas instituciones y personas —muchas sin darse cuenta— a estas malignas entidades. (Yo no cometo la torpeza de confundir los errores que muchos de los malos discípulos y jerarcas de su Iglesia hayan cometido, con el gran ejemplo y las sabias enseñanzas que tanto Él como muchos de sus seguidores nos han dado a lo largo de dos mil años).

Sé de sobra que la ortodoxia cristiana dice que Jesucristo es hijo de Dios, y yo lo admito porque en la propia Biblia se dice repetidamente que los humanos somos todos hijos de Dios. Pero además de esto, a Jesucristo la ortodoxia lo asimila y lo identifica con la propia divinidad, y por eso más de uno se habrá extrañado cuando líneas arriba yo le llamé simplemente «Extraterrestre Bueno». Lo hice en primer lugar porque el mismo Cristo dijo textualmente en más de una ocasión: «Yo no soy de este mundo» (Juan 8, 21-30), y lo hice porque atreverse a entrar en profundidades como son la unión hipostática y otras intimidades divinas entra ya dentro de lo que más arriba dije sobre la ingenuidad o la pedantería de los teólogos y los «expertos» en religión que se atreven a analizar y despiezar al Creador de todo el Universo. Yo no puedo comprender cómo es la esencia de Dios. A mí me basta con saber que Jesucristo es un ser sobrenatural, de una inmensa bondad y poder, que fue enviado para ayudarnos a evolucionar espiritualmente en esta etapa terrena y hacernos merecedores de pasar a otro nivel más alto en las escalas de la Creación. Esto es lo que me dice mi limitada inteligencia. Si estoy equivocado en esto, estoy muy seguro de que Él, con su inmensa bondad, sabrá perdonarme.

En los exorcismos que la Iglesia realiza para liberar a los poseídos por Satanás, el arma más fuerte que el exorcista utiliza es la invocación del nombre de Jesucristo. E igualmente, y aunque muchos de los «expertos» en ovnis lo ignoren y juzguen que la mezcla de Jesucristo con los ovnis es un horror y un error «antiufológico», lo cierto es que muchos contactados se han sentido liberados del poder que sobre ellos ejercían los alienígenas que los dominaban cuando, desesperados, se han refugiado bajo la protección de Jesucristo e invocado su nombre.

¿Qué queda por tanto de la imagen de Dios que se nos inculcó en la infancia? Queda lo fundamental: un Poder, una Fuerza, una Inteligencia, una Primera Causa, un Ser y, en último término, ALGO que sobrepasa la capacidad de comprensión de nuestros cerebros, pero que está por encima de todo lo creado, más allá de quásares, de lejanas galaxias y de *bigbangs* imaginados por sabios astrónomos. Un ALGO que, aunque lo parezca, no está despreocupado de lo que sucede en el Universo. El que quiera verlo como un Padre porque así se lo pide su inteligencia y su corazón está en su pleno derecho y seguramente será lo más acertado. Al dios de las diversas ortodoxias no tenemos más remedio que despojarlo de muchas de las particularidades —algunas muy extrañas— que le asignan en muchas religiones. Pero nos quedamos con la idea de que **existe**, aunque muchas veces no entendamos su silencio o lo interpretemos mal, igual que el niño no entiende por qué su madre le pincha cuando le pone una inyección.

La gran lección que por fin hemos aprendido después de más de sesenta años de observaciones y de errores en el estudio de los ovnis, y que podría ser el gran resumen de todo lo dicho hasta aquí, es que los pilotos de estos extraños aparatos que vemos en los cielos no son unos simples turistas espaciales que vienen a visitarnos para saciar su curiosidad y menos aún para ayudarnos en nuestros problemas, sino que más bien vienen a buscar cosas que a ellos les hacen falta y que pueden hallar en nuestro planeta. Con el agravante de que algunos de ellos, con una tecnología mucho más avanzada que la nuestra, sienten hacia la raza humana una gran antipatía que puede deberse a que, a pesar de nuestro atraso intelectual y tecnológico, nuestros espíritus son más independientes y no son prisioneros del odio y de la negatividad que a ellos los dominan.

¿Por qué existen estos malos espíritus? Repito: no lo sé. Pero sí sé que **esta profunda antipatía, junto a su gran superioridad con respecto a nosotros, es la causa de todos los males que siempre han aquejado a la humanidad. Y también que el ser humano que use bien su inteligencia y que obedezca a lo que le dice su conciencia estará más libre de los ataques de estas malignas entidades y mucho mejor preparado para pasar a otras dimensiones cuando le llegue su hora.**

XI

MANIFIESTOS
EXTRATERRESTRES

A continuación quiero mostrar dos comunicados provenientes de los extraterrestres que resumen la posición de los dos bandos aparentemente antagónicos de los seres que nos vigilan desde las alturas y desde las sombras gubernamentales: los que desinteresadamente nos quieren ayudar y los que nos quieren dominar o más bien seguir dominando para que estemos enteramente a su servicio.

He leído muchos de estos comunicados o mensajes supuestamente extraterrestres y confieso que les he dado muy poca credibilidad, sobre todo por cuatro razones. Primero, porque conocía al contactado que lo recibió y no estaba nada seguro de que no fuese su propia mente la que, consciente o inconscientemente, fabricaba la comunicación. Segundo, porque el contenido del mensaje era sospechoso, cuando no francamente delirante. Después, porque la mayor parte de las profecías contenidas en ellos resultaron ser falsas. Y por último, porque aunque algunas se cumplieron, todas estas comunicaciones son tremendamente manipuladoras de la mente del contactado y muy poco respetuosas con él, y en ellas siempre lo verdadero está muy mezclado con lo falso, que es predominante.

No es el caso de los presentes escritos. Y a pesar de que no conozco a sus autores, los considero muy interesantes por tres razones. Primero, porque las ideas de todo el comunicado son muy semejantes a las que uno mismo ha llegado después de muchos años de estudiar el tema, tal como las he plasmado en este libro. Segundo, porque tienen una visión holística, tanto del estado actual de la raza humana como del fenómeno ovni, al que tratan con una gran profundidad, dejando atrás la casuística en la que todavía se hallan enredados la mayoría de los ovnílogos. Y tercero, porque ambos escritos están expresados con una sintaxis que tiene las mismas virtudes y defectos que otras comunicaciones de origen alienígena.

En ambos casos, copio prácticamente al pie de la letra el mensaje, pero a veces intercalo en cursiva mis comentarios o aclaraciones en aquellos puntos que juzgo de más difícil comprensión. Admito que puede ser que mis aclaraciones no sean acertadas y que un lector más inteligente llegue a conclusiones diferentes y mejores. También me he permitido resaltar los fragmentos que considero más interesantes.

El primer documento proviene de los seres que llamamos «positivos» e insto al lector a que lo lea detenidamente, porque analiza muy profundamente el estado en que ahora se encuentra la humanidad y encontrará en él muchas cosas muy dignas de consideración y la explicación de muchos de los preocupantes e inexplicables acontecimientos de nuestro tiempo. En cierto modo es una explicación de la razón del mal en el mundo.

* * *

MANIFIESTO 1

Naturaleza del mensaje.
Resulta irrelevante para vosotros conocer quién os transmite el mensaje y es intencional por nuestra parte que su origen permanezca en el anonimato.

Simplemente se trata de que vosotros intentéis cambiar vuestro mundo y mediante la difusión de este tipo de comunicados toméis la decisión, nacida de vuestro libre albedrío, de permitir que nosotros podamos llegar a mostrarnos en vuestra realidad física. Es una decisión que solo vosotros podéis tomar.

La cuestión esencial es: ¿cómo vais a reaccionar ante este mensaje?

Podemos decir que en todos los contactos con seres humanos del planeta Tierra hemos percibido un deseo constante de tratar de conseguir un estado de conciencia mayor, a nivel planetario, que les condujese a un mejor uso de su libre albedrío.

No obstante, el ejercicio de vuestro libre albedrío dependerá en gran medida del grado de conocimiento y sabiduría que seáis capaces de ir desarrollando, así como del dominio que tengáis sobre vosotros mismos. Vuestra felicidad dependerá del amor que deis y recibáis.

En este momento en vuestro planeta existen muchos individuos que están atravesando un muy particular estadio en su proceso evolutivo. Se sienten aislados, y esa sensación de aislamiento les confiere una especial sensación de inseguridad en lo concerniente a su destino. Sin embargo, tan solo una minoría de seres humanos terrestres es consciente de las extraordinarias oportunidades que se os están presentando ahora.

Nosotros **no** podemos cambiar o alterar ni vuestro presente ni vuestro futuro. Sois vosotros los que tenéis que decidir la conveniencia o no de nuestra implicación en el proceso, y deberéis considerar este mensaje como una especie de referéndum a escala planetaria. Vuestra respuesta es esencial para nosotros.

¿Quiénes somos?

Prácticamente ninguno de vuestros representantes religiosos coincide plenamente en lo concerniente a la descripción de los acontecimientos «celestiales» que vuestra humanidad ha estado esperando durante miles de años. La verdad sobre este tema debe ser abordada sin ningún tipo de limitación o filtro, como pueden ser todos los viejos dogmas y creencias, que en muchos casos y por muy respetables que sean son generalmente producto de antiguas fórmulas que en su momento fueron válidas en el camino de la evolución.

Grupos cada vez más numerosos de investigadores en vuestro planeta están explorando nuevos caminos de conocimiento, casi siempre de forma anónima, tratando de acercarse al núcleo de la realidad.

No es tarea fácil. En estos momentos vuestra civilización está inundada por un océano de información. Sin embargo, la información procedente del núcleo de la realidad está siendo difundida *(está llegando)* tan solo a una pequeña parte de vuestro tejido social.

Lo que durante tantos años de historia se os ha presentado como ridículo e improbable en estos momentos se contempla como una posibilidad razonable que en muchos casos ya forma parte de la realidad de muchos colectivos; particularmente en los últimos cincuenta años. *(Se refiere a la creencia en los ovnis como visitantes extraterrestres y a la existencia de vida fuera de nuestro planeta).*

Iréis descubriendo que vuestro futuro será cada vez más sorprendente. Descubriréis, entre otras muchas cosas, que lo que hasta ahora habéis considerado como insignificante es fundamental en el proceso de vuestra evolución, tanto personal como colectiva. Al igual que otros billones de seres en esta galaxia, vosotros y nosotros somos criaturas conscientes en proceso de evolución hacia la Fuente.

Es muy importante que sepáis que no existen diferencias fundamentales entre vosotros y nosotros. **Todos somos inmortales. Solamente nos diferencia el camino recorrido en el estado evolutivo.** Al igual que en cualquier estructura organizada, la jerarquía está presente en nuestras acciones internas. No obstante la nuestra está fundamentada en la sabiduría procedente de muchas culturas y razas. Y con la aprobación de los Consejos Superiores de esas jerarquías, estamos autorizados para dirigirnos a vosotros.

Igual que vosotros, estamos recorriendo el camino que nos conduce hacia el Ser Supremo. No obstante deseamos manifestaros que no somos «dioses» ni mayores ni menores, como algunos terrestres pensaron en anteriores etapas de vuestro proceso evolutivo, sino IGUALES ante la Hermandad Cósmica.

Aunque físicamente somos algo diferentes a vosotros, es más que nada debido al proceso evolutivo. Nuestra apariencia mayormente se corresponde con las formas humanas (cabeza, tronco y extremidades), pues dichas formas, durante billones de años, han demostrado ser las más funcionales dentro de nuestro universo local.

Nuestra existencia es real, al igual que la vuestra, pero la mayoría de vosotros/as no puede percibirla, simplemente por la gran diferencia de vibración que nos separa. Nosotros no somos simples observadores, somos seres conscientes, al igual que vosotros. Y no nos percibís porque la mayor parte de vuestro tiempo permanecemos invisibles a vuestros sentidos y a vuestros instrumentos, como consecuencia de las diferencias vibratorias antes citadas, así como a nuestra capacidad técnica para que esto ocurra cuando nosotros lo consideremos oportuno.

Nuestra intención es participar como protagonistas en este momento de vuestra historia. No es la primera vez que esto ocurre. Nuestros Mayores han adoptado *(ahora)* esta decisión, pero esto no es suficiente. Vuestra conformidad a nivel individual otorgada desde vuestro libre albedrío es fundamental. Necesitamos contar con vuestra colaboración. Si se cumplieran estas premisas, ningún representante de vuestra humanidad en la Tierra podrá alterar o modificar vuestra decisión.

¿Por qué no somos visibles?

Ya os hemos comentado que al llegar a ciertos estadios de la evolución, las «humanidades» cósmicas descubren nuevas formas de conciencia que trascienden la apariencia de la «materia». La materialización y desmaterialización estructuradas forman parte de este bagaje.

Este tipo de tecnologías ha sido ya experimentado con un éxito aparente en algunos laboratorios terrestres en **íntima colaboración con algunas criaturas extra-terrestres**. El coste elevadísimo que esto ha supuesto, al no tener la suficiente base ética y científica para desarrollar estos experimentos, así como los daños ocasionados, os han sido ocultados sistemáticamente por vuestros propios gobernantes.

(En los párrafos anteriores, el manifiesto probablemente se está refiriendo al tan difamado «experimento Filadelfia», que tuvo lugar en 1943, en el que los militares norteamericanos hicieron desaparecer durante un breve tiempo un barco de guerra. Hubo tres intentos de los que los dos primeros fueron relativamente positivos, pero el tercero, que según algunas informaciones fue desaconsejado por Tesla, resultó desastroso para la mayor parte de los que participaron en él. Sobre este hecho se ha escrito mucho, aunque los grandes medios de comunicación han procurado desacreditarlo. El libro de Charles Berlitz y William Moore sobre este extraño episodio —El misterio de Filadelfia: proyecto invisibilidad— da muchos detalles sobre todo lo allí ocurrido, aunque debido a la feroz censura y a la desinformación que por años las autoridades militares han ejercido sobre este hecho las noticias que sobre él tenemos siguen siendo muy confusas. Y por lo que parece, los rusos también han hecho y continúan haciendo experimentos de laboratorio sobre desmaterialización y viajes en el tiempo).

Con independencia de estas manifestaciones, deseamos deciros que los fenómenos que denomináis «ovnis», conocidos tanto por vuestras comunidades científicas como por algunos de vosotros individualmente, son naves espaciales multidimensionales que utilizan las capacidades antes referidas. Algunos humanos han estado en contacto físico, visual y auditivo con esas naves. Algunas de ellas están bajo el control de inteligencias que las gobiernan remotamente. *(Más que «algunos humanos» debería decir «muchos humanos», porque en la actualidad es muy grande el número de hombres y mujeres que en todo el planeta han sido abducidos o simplemente contactados, aunque la mayor parte de ellos lo mantienen en secreto por miedo a ser tenidos por visionarios).*

Es comprensible para nosotros que la incredulidad de los individuos que no han experimentado por sí mismos estos acontecimientos se encuentre generalizada en vuestro planeta. No obstante, la mayor parte de estas observaciones y contactos suelen ser protagonizados por individuos generalmente bastante equilibrados.

(Los «seres negativos», de los que el manifiesto habla a continuación, también contactan con humanos famosos que son peligrosos para ellos —porque conocen lo que hay detrás del fenómeno ovni—. A estos los desacreditan y los hacen aparecer como desequilibrados porque les cuentan cosas absurdas con el fin de que los científicos y la gente normal crean que todo es una chifladura. El caso de David Icke podría ser un ejemplo de esto).

Por nuestra parte, tratamos en lo posible de no interferir ni modificar ningún sistema organizado en los mundos que visitamos, aunque no todos los visitantes tenemos los mismos motivos y expectativas, porque también **sois visitados por seres multidimensionales negativos** que juegan un rol en este juego de ejercicio de poder en la sombra de la oligarquía humana. Su discreción se debe a que no desean revelar su existencia operativa.

(El estilo de esta última frase es típicamente «extraterrestre». En buen español se diría que «su secretismo se debe a que no

quieren que os enteréis de lo que ya están haciendo». Los últimos párrafos son de gran importancia para comprender el fenómeno ovni en toda su totalidad, especialmente cuando dicen que actúan a la sombra de la oligarquía humana. Muchas de las disparatadas y criminales directrices y acciones de las grandes autoridades e instituciones del mundo —incluidas la ONU, OTAN, UNICEF, FAO, OMS, FMI, BM— están influidas o dominadas por estas inteligencias malévolas).

Para nosotros la discreción viene dictada por el respeto que sentimos por la libre voluntad humana, en el sentido de que las personas puedan manejarse *(libremente)* en sus asuntos, llegando a una madurez espiritual y conocimientos técnicos propios. La entrada de vuestra humanidad en la familia de civilizaciones galácticas es una expectativa largamente esperada.

Podemos presentarnos en un día soleado ayudándoos así a celebrar vuestra entrada en la familia galáctica. Si no lo hemos hecho ya con anterioridad es debido a que muy pocos de vosotros tenéis un deseo genuino de ello, debido quizá a ignorancia, indiferencia o miedo, y porque tampoco se ha dado una circunstancia de emergencia que justificara nuestra presencia. Algunos de los que estudian nuestras apariciones relatan acontecimientos tales como luces en los cielos nocturnos, presencias de formas aéreas sin identificar que no dejan rastro, etc. Muy a menudo se piensa en términos de objetos, cuando estos fenómenos son en realidad manifestaciones producidas por seres con conciencia.

¿Quiénes sois vosotros?

En gran medida sois el resultado de la maduración de algunas tradiciones que a lo largo de su proceso en el tiempo se han ido enriqueciendo mutuamente con la aportación de múltiples contribuciones. Esto solamente es aplicable a las razas que viven en la superficie de la Tierra. *(Por muchas otras fuentes sabemos que hay seres inteligentes no humanos que viven en las profundidades de la Tierra —aunque no en el centro de ella— y que cuando salen usan aparatos semejantes a los ovnis que vemos en nuestros cielos. Fui amigo del enigmático Juan Moritz, uno de los pocos seres humanos que sepamos que ha visitado, en compañía de sus habitantes, las profundas cavernas de estos seres. Con él recorrí durante una semana increíbles paisajes de la selva andina cercanos a la entrada de ese mundo subterráneo —que no es la de la famosa cueva de los Tayos—, pero nunca quiso decirme dónde estaba exactamente la entrada, aunque sí pude ver el abundante oro fruto de sus muchas aventuras espeleológicas. Continúa el manifiesto hablando de la mentalidad de las distintas sociedades humanas).*

Su meta es unificarse, respetando sus raíces, para poder así alcanzar un objetivo común. La conformación de sus culturas parece ser distinta debido a una situación de suplantación de su propio Yo Profundo interior. Lo externo, la formalidad, es en este momento más importante que la naturaleza sutil de la esencia que las anima. Para los poderes fácticos, esta supremacía de lo físico externo actúa de muro protector contra cualquier situación que pueda comprometer sus planteamientos. *(Parece que quiere decir que los grandes dirigentes del planeta se aprovechan de los errores y diferencias culturales para que la humanidad no pueda desafiar o caer en la cuenta de los grandes errores de sus gobernantes).*

Se os hace una llamada de atención para que intentéis superar el actual estado de cosas donde prevalece lo exterior sobre lo interior. Se trata de que, respetando su riqueza y su belleza, lleguéis a comprender que a pesar de la diversidad de las formas podáis amar a todas las criaturas en su diversidad.

También deberéis llegar a comprender que la paz es algo muy distinto a no hacer la guerra, y que consiste en transformar vuestro mundo en una fraternidad.

Lamentablemente las soluciones globales para alcanzar estas metas decrecen cada día. Una de estas soluciones podría consistir en contactar con otras culturas *(extrahumanas)* que puedan actuar como un espejo en el que podríais ver más nítidamente la imagen de lo que realmente sois hoy.

¿Cuál es vuestra situación según la vemos nosotros?

Exceptuando raras ocasiones, nuestras intervenciones siempre han tenido poca incidencia en vuestra sociedad para que ejecutaseis acciones o elecciones colectivas o individuales sobre vuestro futuro. Lo sabemos por nuestro conocimiento de vuestros mecanismos psicológicos profundos. Hemos llegado a la conclusión de que la libertad está cimentada en el día a día del ser que se va concienciando de sí mismo y de su entorno, captando *(dominando)* de manera progresiva las inercias *(dificultades)* y los límites, sean los que sean. A pesar de los numerosos humanos conscientes y voluntariosos, tales inercias son fomentadas e instaladas artificialmente para el provecho de un creciente poder centralizado.

(Los párrafos siguientes son de gran importancia).

Hasta hace muy poco vuestra humanidad estaba viviendo un nivel de control *(personal)* satisfactorio en cuanto a sus propias decisiones. Pero estáis perdiendo cada vez más y más poder sobre vuestro destino, **debido a ciertas tecnologías avanzadas que son funestas en sus consecuencias para la humanidad y todo el ecosistema de la Tierra, pudiendo**

en un muy próximo período de tiempo ser irreversibles. Estáis perdiendo de manera lenta pero segura vuestra extraordinaria capacidad para mantener una vida «deseable». La falta de flexibilidad está avanzando a otros niveles debido a **artificios intencionados que se os están imponiendo independientemente de si los deseáis o no. Tales tecnologías están en funcionamiento, afectando a vuestros cuerpos así como a vuestras mentes. Estos planes se están ejecutando ya ahora.** *(Creo que, entre otras cosas, se está refiriendo muy especialmente a la televisión y a internet).*

Toda esta situación puede cambiar y ser alterada en vuestro beneficio *(se refiere a nivel individual)* en la medida en que cada cual mantenga su poder creativo propio, aunque cohabite con las obscuras intenciones de vuestros dominadores potenciales. Esta es la razón por la cual nos mantenemos en la invisibilidad y a la expectativa. Este poder individual *(de los seres humanos)* está condenado a desaparecer, a no ser que una reacción colectiva de gran magnitud se lleve a cabo. Se está acercando un período en que la ruptura, de la naturaleza que sea, puede presentarse. *(Predice de una manera sutil, al igual que en otros lugares del manifiesto y en otros documentos por el estilo, que se aproximan grandes cambios).*

¿Aplazaréis vuestra decisión hasta el último momento? ¿Deberéis anticiparos a ello, o esperaréis a que cunda el pánico?

A lo largo de vuestro recorrido histórico nunca han dejado de existir encontronazos entre los pueblos y las culturas que han ido sucediéndose en vuestro mundo. Las conquistas casi siempre han supuesto el dominio abusivo de los conquistadores. La Tierra se ha convertido en una villa donde hoy, gracias a las nuevas tecnologías, os conocéis todos, pero los conflictos persisten y las agresiones de todo tipo han ido incrementando su intensidad y dureza. No obstante, un ser humano es un individuo que, aunque dotado de unas capacidades potenciales, no puede ejercerlas con dignidad, debido a las circunstancias en las que está inmersa vuestra gran mayoría. Y la mayor parte de las veces por culpa de situaciones de naturaleza esencialmente geopolítica.

Ya sois más de 6.500 millones de seres humanos. **La educación de vuestros hijos y sus condiciones de vida, así como las condiciones de vida para numerosas especies de animales y de plantas, etc., está sometida a caprichos de un pequeño grupo de financieros, políticos, militares y representantes religiosos. Y esta dependencia letal está siendo tan potente como no lo había sido nunca antes de ahora.**

Vuestros pensamientos y creencias están siendo modelados en aras de los intereses partidistas para convertiros en seres dependientes, al tiempo que se os fabrica y suministra, a través de los medios de comunicación, la sensación de que estáis al mando y controláis vuestro destino. Tal es la esencia de la realidad que ahora estáis viviendo.

En vuestro mundo, en estos momentos, existe un enorme abismo entre las voluntades *(de los ciudadanos)* y las intenciones *(de los dirigentes)* por las cuales se rige vuestra sociedad. Las reglas del juego reales por las que esa sociedad se mueve son desconocidas para la gran mayoría de vosotros. **En este momento de la historia vosotros** *(el pueblo)* **no sois los protagonistas.**

La información, masivamente sesgada, es una estrategia milenaria usada con los seres humanos. La inducción de pensamientos y emociones, así como de otros tipos de

manipulaciones sociales procedentes de ciertas tecnologías basadas en lo que estáis empezando a conocer como «ingeniería social», supone una estrategia todavía más antigua.

Maravillosas opciones de progreso están siendo maquilladas con el fin de intentar encubrir subversivos planteamientos. Estos peligros y oportunidades existen ahora. A pesar de ello se pueden discernir con bastante claridad los resultados de estos programas. La extinción y agotamiento de los recursos naturales están siendo programados. Y aunque no sea un objetivo planificado desde instancias terrestres, esta extinción ha sido ya puesta en marcha. *(En estos párrafos parece que se quiere decir que algunos de estos Seres Negativos, no sabemos con qué intención, están queriendo destruir nuestro medio ambiente y nos presentan, como si fuese algo progresista, tecnologías avanzadas que en realidad contribuyen a que destruyamos nuestro entorno y agotemos los recursos naturales).*

Vuestros ecosistemas están en estos momentos en el umbral de los límites de la reversibilidad. El saqueo de los recursos, que aumentan de precio día a día, y su desigual distribución, así como la **especulación de los sectores mayoristas con los bienes de la alimentación básica y con los inmobiliarios**, harán que surjan distorsiones y guerras fratricidas a escala planetaria, afectando también a los núcleos de vuestras ciudades y a las comunidades rurales.

El odio avanza y crece a costa del amor. Es la energía del amor la que os hará fuertes y os proporcionará confianza, aumentando vuestra capacidad para hallar soluciones.

Pero la masa crítica *(el conjunto de seres humanos independientes e informados)* es insuficiente y el trabajo de sabotaje está siendo ejecutado diligentemente sobre ella y sobre las conductas humanas que, ancladas en hábitos milenarios, obedecen a hábitos del pasado y poseen tal grado de inercia que cualquier intento de cambio está condenado de antemano al fracaso. **Tratáis estos problemas con representantes cuya conciencia del bien común está ocultada por su adscripción a intereses corporativos y partidistas**, confiándoles vuestras dificultades. Vuestros representantes siempre debaten la forma y casi nunca tratan el contenido.

Al llegar el momento de actuar, los retrasos acumulados hacen que sucumbáis en el intento en vez de hacer una elección. Este es el motivo real, el porqué más que nunca antes en vuestra historia reciente vuestras decisiones cotidianas *(independientes)* actúan *(deben actuar)* como guía, y tienen un impacto significativo para que el mañana exista y vosotros sigáis vivos.

¿Cuál sería la naturaleza de un acontecimiento o de algún hecho que modificara esta inercia que es típica en cierta etapa de desarrollo de cualquier civilización? ¿Dónde podrían surgir un despertar y una unificación que pudieran parar esta «bola de nieve» rodando por la pendiente?

Las naciones, los pueblos y las tribus humanas siempre han mantenido intercambios y han interactuado unos con otros. Al no quedaros más remedio que encarar estos desafíos letales que afectan a toda la familia humana, quizá tengáis la oportunidad para que se produzca una gigantesca interacción.

Una bola gigante está a punto de rodar, compuesta por una sustancia mixta muy muy *[sic]* positiva pero también muy negativa. *(Ignoro el sentido profundo de esta inquietante frase, que probablemente es una metáfora).*

¿Quiénes sois esa «tercera parte»?

Existen dos maneras de establecer un contacto cósmico con otra civilización: a través de sus gobernantes o directamente con los individuos sin distinción. La primera forma supone un conflicto de intereses, la segunda vía aporta el despertar.

La primera vía fue la opción de un grupo de razas *(extra-humanas)* cuya intención era mantener a la humanidad en la esclavitud. Así controlarían los recursos de la Tierra, **su código genético y su energía emocional**. *(Por lo que parece, es con estas razas malévolas «reptilianas» con las que las altas autoridades mundiales están en contacto)*. La segunda forma de contacto fue elegida por un grupo de razas aliadas con la causa del Espíritu de Servicio. Nosotros nos hemos adscrito a esa causa desinteresadamente, presentándonos hace unos pocos años «también» ante vuestros «representantes» que detentan el poder, los cuales rechazaron estrechar nuestra mano con el pretexto de la gran convulsión social que esto supondría, aunque la auténtica verdad estaba basada en la colisión de *(nuestros)* intereses, incompatibles con sus estrategias.

Y este es el camino andado hasta aquí, que nos lleva a que ahora estemos optando por la vía individual sin que participe ningún representante ni nadie que interfiera. Lo que propusimos en el pasado a los que creíamos estaban en la posición adecuada para contribuir a vuestro bienestar os lo vamos a proponer ahora a todos vosotros.

La gran mayoría ignoráis que criaturas no humanas están participando en la ejecución de las agendas que están llevando a cabo los poderes *(humanos)* **en vuestro planeta** *(ONU, OTAN, etc.)* sin que sea posible que los afectados sospechen de tal implicación, al no tener aún vuestros sentidos lo suficientemente desarrollados para poder captarlo. Esta situación es tan real que **estas criaturas** comienzan a poseer un importante control de los mecanismos que regulan vuestra sociedad. **No necesariamente están dentro**

del sistema *(no son necesariamente las grandes autoridades conocidas)* **y eso es, precisamente, lo que hace que su actuación sea extremadamente eficiente y peligrosa en un futuro inmediato.** Por otra parte debéis tener bien claro que la mayor parte de vuestros «representantes» ya están al tanto de este peligro. *(Es decir, de esta situación, y aunque lo nieguen, conocen la existencia de la presencia de «extraterrestres» entre nosotros. Se refiere solo a gobernantes de grandes naciones y a ciertos individuos que en ellas tienen puestos claves, pero no a los gobernantes de países pequeños, entretenidos en sus diarios politiqueos).*

¿Podéis ejercer vuestro libre albedrío en estas condiciones de manipulación? ¿Sois realmente libres?

La paz y el gobierno conjunto de vuestros pueblos debiera ser el primer paso a la apertura en armonía con civilizaciones *(extrahumanas)* diferentes a las vuestras. Esto es precisamente lo que quieren evitar a toda costa quienes están entre bastidores, fomentando los conflictos e instilando temor entre quienes os gobiernan, haciendo buena la vieja táctica del «divide y vencerás». Además, estas actuaciones dañan gravemente vuestra esencia primigenia, programada para compartir con las demás civilizaciones del Cosmos.

Este mensaje quizá no hubiese tenido demasiado interés si estos hechos hoy denunciados no estuvieran a punto de materializarse próximamente. (Calculamos que en los próximos diez años). *[Paréntesis en el original].* **En el caso de que nuestras predicciones se lleguen a materializar, una época de grandes sufrimientos se aproxima para todos vosotros.**

Podéis tratar de defenderos de estas agresiones. Una de las herramientas más importantes para la defensa consiste en que podáis disponer de la información suficiente para tratar de arbitrar soluciones.

Una de las mayores dificultades con que os vais a encontrar estriba en que tanto las apariencias físicas *(de los seres negativos)* como vuestro *(pobre)* actual estado en el dominio de las facultades psíquicas van a haceros muy difícil distinguir al enemigo del aliado. Además de la intuición, el entrenamiento específico os será necesario cuando llegue la hora. Pero nosotros, que sabemos que el libre albedrío no tiene precio, tenemos algo que ofreceros.

¿Qué os podemos ofrecer?

Podemos ofreceros una visión más holística del Universo y de la vida. Interacciones constructivas basadas en la experiencia de nuestras relaciones fraternales con otros seres del Universo. Podemos ayudaros a perfeccionar y optimizar vuestros actuales conocimientos técnicos en la erradicación de muchas enfermedades y sufrimientos. Podemos ofreceros cooperación en el ejercicio controlado de los poderes individuales y el acceso a nuevas formas de energía. En definitiva, una mejor comprensión de la consciencia.

No podemos ayudaros a superar vuestros ancestrales miedos individuales y colectivos o imponeros unas leyes que no hayáis elegido, ni podemos hacer el trabajo por vosotros. Y tanto en el ámbito individual como en el colectivo, no construiremos vuestro mundo, ese que deseáis. Tampoco interferiremos en vuestra energía espiritual ni en la búsqueda de nuevos cielos.

¿Qué es lo que desearíamos recibir de vosotros?

Si aceptáis estos planteamientos, nosotros estaremos encantados de poder contribuir a la salvaguarda del equilibrio en esta región del Universo. Experimentaremos un inmenso júbilo al veros unidos, con la intención de conseguir aquello de lo que seáis capaces de hacer en armonía con las energías inmutables que mueven el Universo.

¿Desearíais que nos mostrásemos abiertamente en vuestra realidad física?

Vuestras respuestas, emanadas desde el corazón, serán conocidas por nosotros. La Verdad del alma puede ser leída de forma telepática. Tan solo es necesario que os contestéis a vosotros mismos. En privado o en grupo, es lo mismo. Tanto si os encontráis en el corazón de una ciudad como en medio de un desierto, nosotros recibiremos vuestra respuesta. El mecanismo es muy sencillo: se trata de contestar si estáis o no de acuerdo, como si estuvierais hablando con vosotros mismos, pero pensando en el contenido de este mensaje.

Para poder asociar de una manera efectiva vuestra respuesta a la pregunta debéis meditar con calma sobre los temas propuestos. Para poder disipar el mayor número de dudas que pudieran surgir, hacedlo después de releer este mensaje cuantas veces estiméis oportunas. No olvidéis que será una decisión tomada a escala planetaria.

Esas pocas palabras surgidas desde el corazón y colocadas en su contexto poseen una poderosa influencia. Por eso mismo es importante que no os precipitéis en la respuesta.

Respirad hondo y tranquilos, dejad que el poder de vuestra propia voluntad penetre en vuestro interior. Tomad orgullosa conciencia de lo que sois. Tratad de alejaros de vuestros problemas durante unos minutos y sentid la fuerza que se derrama sobre vosotros. Sentid por fin que estáis ejerciendo conscientemente vuestro libre albedrío. Un simple pensamiento, una simple respuesta puede cambiar drásticamente vuestro futuro inmediato de una forma u otra. Vuestra decisión individual de pedir a vuestro Yo interno su autorización o denegación del permiso para que nos mostremos abiertamente a la luz del día es preciosa y esencial para nosotros.

Aunque algunos de vosotros optéis por la adopción de formas más rituales, estas no son esenciales de ninguna manera. Una sincera petición a vuestro corazón y a vuestra voluntad va a ser percibida claramente por todos aquellos de nosotros que os hemos enviado este mensaje. Será en vuestro corazón en el que cada uno de vosotros determinará el futuro.

¿En qué consiste el efecto «palanca»?

Tal decisión deberá ser tomada por el mayor número de miembros de vuestra comunidad humana y aunque podáis pensar que vais a ser una minoría, resulta del todo recomendable difundir este mensaje de todas las maneras posibles en todos los lenguajes posibles a todos los que os rodean, estén o no receptivos a esta nueva visión del futuro. Podéis optar por emplear un tono humorístico si esto os va a ayudar. También podéis optar por publicarlo abierta y públicamente si lo consideráis oportuno.

De igual forma será conveniente que os vayáis olvidando de todo lo que sobre «falsos profetas» y «sobrenaturales creencias» os ha sido referido por los que han tratado de explicaros cómo y quiénes somos, así como cuándo vamos a llegar. Si no estáis dispuestos a cuestionar estas creencias «mágicas», creemos que lo más honrado por vuestra parte será contestar negativamente.

Asimismo os pedimos que, si no sabéis qué contestar, no digáis sí por simple curiosidad. Esto no va a ser espectáculo de masas. Más bien todo lo contrario. Vuestra historia está llena de episodios en los que minorías de hombres y mujeres fueron capaces de influir decisivamente en el desarrollo de determinados acontecimientos, a pesar de ser pocos en número. **Con la misma lógica que ha hecho que un numéricamente pequeño grupo de seres haya logrado detentar el poder temporalmente sobre la Tierra, consiguiendo influir en el futuro de una mayoría, también un grupo reducido puede cambiar radicalmente vuestro destino frente a la impotencia exhibida por tanta inercia y desencanto.** Parafraseando a uno de vuestros pensadores, vosotros también podéis mover el mundo si contáis con un punto de apoyo.

Con la sola difusión de este mensaje, ya estaréis creando el «punto de apoyo». Nosotros seremos la palanca actuando a años luz de distancia, tratando entre todos de elevar el nivel vibratorio de vuestro mundo y con ello el de todo vuestro universo.

¿Qué cabe esperar de esta decisión en caso de ser positiva?

La consecuencia inmediata de vuestra decisión colectiva en caso de que esta fuera favorable será la presencia material en vuestro espacio-tiempo de algunas naves, las cuales, entre otras muchas consecuencias, ayudarán a la raza humana a abandonar una montaña de falsas certezas y otras actitudes.

Un sencillo contacto visual podrá tener enormes repercusiones en vuestro futuro. *(De hecho, lo ha tenido individualmente en miles de personas en los últimos sesenta años).*

Muchos de vuestros esquemas éticos, morales, intelectuales, etc. se verán modificados para siempre. La organización de vuestras sociedades se verá profundamente afectada, elevándose para siempre en todos los campos de actividad. El poder político se transformará en poder individual, porque os vais a contemplar a vosotros mismos como seres libres y pensantes. Concretamente, las estructuras cambiarán al verse modificadas desde la raíz las escalas de valores vigentes hasta entonces.

Para nosotros también se trata de un reto importante. Se trata de que toda vuestra humanidad forme una sola familia para afrontar las relaciones con ese «desconocido» que de alguna manera representamos para todos vosotros. Esa forma de proceder va a tener unas primeras e importantes consecuencias, al forzar a una serie de elementos indeseables incrustados actualmente en vuestros sistemas (y a quienes nosotros denominamos «la tercera parte») a mostrarse y desvanecerse al ver cómo se bloquean sus mecanismos energéticos negativos.

Posteriormente, intercambios pacíficos y respetuosos van a ser posibles si así lo deseáis. Ahora los que tienen hambre no pueden sonreír, los que tienen miedo no pueden darnos la bienvenida. Estamos muy hartos de ver cómo los habitantes de este bello planeta que llamáis Tierra, hombres, mujeres y niños, sufren en sus cuerpos y en sus espíritus, siendo como sois, de hecho, portadores de la luz interior.

Nuestras relaciones tendrán que ser progresivas. Varias etapas de años o décadas deberán establecerse. Nuestra presencia física junto a vosotros, la colaboración tecnológica paulatina, con el fin de no distorsionar ni interferir en vuestra evolución, la asimilación y compatibilidad de las experiencias espirituales, así como el descubrimiento por parte vuestra de otras regiones de la galaxia, harán que necesitéis un período de adaptación que estará en función del tiempo que transcurra hasta que consigáis ir «metabolizando» estos hechos.

No obstante, ante cada situación, podréis ir eligiendo las nuevas opciones que consideréis oportunas, decidiendo en todo momento cuáles han de ser los caminos por los que vais a transitar. La no-interferencia será una actitud adoptada por nosotros de forma unilateral. Abandonaremos vuestro planeta tan pronto como vosotros lo consideréis oportuno.

Si esta decisión positiva es adoptada por la mayoría de los que han decidido utilizar su capacidad de elegir, y este mensaje, en función de la velocidad de su difusión a través del mundo, ha recibido el apoyo necesario, serán necesarias varias semanas o meses para que hagamos nuestra «gran presentación».

¿Por qué os planteamos un dilema de tan grandes proporciones?

Sabemos que los mecanismos que actúan en los colectivos con un grado de evolución similar al vuestro hacen que consideréis con desconfianza a todo lo «forastero». También sabemos que la desconfianza es producto del desconocimiento y que ambos generan miedo. Esperamos que estas situaciones se vean trastocadas por la emoción que generará nuestra presencia abierta y pacífica, que servirá entre otras cosas para reforzar vuestras relaciones y conocimientos a escala planetaria.

¿Cómo conocer que nuestra llegada es consecuencia de vuestra decisión colectiva?

Por el simple hecho de que hace mucho tiempo que estamos aquí, en vuestro nivel de existencia, y si no nos hemos hecho visibles antes es debido a que no nos es permitido mientras vosotros no expreséis esa intención de manera explícita y corporativa.

¿Por qué tratamos de difundir este mensaje entre vosotros?

Esta acción afectará a vuestro futuro de manera irreversible y abarcará a milenios de historia. En caso contrario, se pospondrá hasta una nueva propuesta de elección, pasados unos cuantos años, aproximadamente una generación (**si es que habéis sobrevivido**).

(He destacado el último paréntesis, así escrito en el original, por la importancia que tiene. Indudablemente recuerda y hace referencia a párrafos anteriores, especialmente a aquel en que se decía: «Este mensaje quizá no hubiese tenido demasiado interés si estos hechos hoy denunciados no estuvieran a punto de materializarse próximamente. —Calculamos que en los próximos diez años—. En el caso de que nuestras predicciones se lleguen a materializar, una época de grandes sufrimientos se aproxima para todos vosotros». Si mi información es correcta, este mensaje fue recibido el año 2003, por lo tanto todavía estamos dentro de las fechas fijadas. Curiosamente, tanto en el famoso calendario maya como en el de los cherokees y de otros indios americanos, un año crucial para la historia de la humanidad es el 2012. Sin embargo, tanto la velada sugerencia de un único gobierno mundial —una meta muy buscada por los illuminati— como el aspecto catastrófico del presente mensaje siembran alguna duda en cuanto a la sinceridad de este manifiesto, pues el catastrofismo es un detalle que ha estado presente en muchas de las famosas profecías que han existido a lo largo de la historia y que a la larga han resultado inciertas. Un aspecto importante de ellas es por qué el catastrofismo ha estado siempre presente. Da la impresión de que las inteligencias foráneas que se comunican con toda clase de videntes y «contactados» quieren que los humanos vivamos en un perpetuo estado de angustia en cuanto al fin del mundo o a inminentes cataclismos. Sin embargo, en los tiempos actuales, aparte del cambio del clima que ya se está sintiendo y que tan poco preocupa a la mayoría de la humanidad, no se puede negar que son muchos los síntomas que hay de que se acercan otros

grandes cambios y de que los actuales líderes mundiales no están a la altura de las extraordinarias circunstancias).

La no-elección significa que seguís a remolque de las decisiones de los demás. Informad a otros, a menos que queráis correr el riesgo de obtener un resultado contrario a vuestras expectativas. Permanecer indiferentes significa hacer entrega de vuestra libre voluntad. Todo esto tiene que ver con vuestro futuro y con vuestra propia evolución.

Cabe la posibilidad de que esta invitación no reciba un asentimiento colectivo y que debido a problemas de información sea apartada. Sabed que ningún deseo individual cae en saco roto en el Universo.

Los medios de comunicación de masas, en su mayor parte controlados y manipulados, no están interesados en la difusión de este mensaje. Esa será vuestra tarea como seres libres y pensantes que sois. **Transmitidlo.**

Algunas consideraciones finales.

Algunos podrán pensar que os hacemos estos planteamientos con el fin de que penséis que sois vosotros los que nos habéis legitimado y habéis tomado una decisión en nombre propio. Pero no es así.

¿Cómo podréis estar seguros de que esta no es una maniobra más de «desinformación» auspiciada por la «tercera parte»? En la actualidad, y en ausencia de representantes humanos que os puedan informar honestamente, lo cierto es que prácticamente lo ignoráis todo, tanto sobre quiénes somos como sobre quiénes os están manipulando sin vuestro consentimiento.

Creemos que en vuestra situación, el principio de precaución, que consiste en ignorarnos, no va a funcionar. Ya os encontráis metidos en la «caja de Pandora» en la que la «tercera parte» os ha introducido. Sea cual sea la decisión que adoptéis, deberéis salir de ella.

Deberéis encarar este dilema. Tendréis que confrontar una ignorancia con la otra y necesitaréis utilizar vuestra intuición. Tendréis que sopesar la posibilidad de poder ver con vuestros propios ojos o simplemente creer lo que vuestros dirigentes os cuentan.

¡Esa es la cuestión! Sabed que estáis actuando como arquitectos de vuestro propio destino.

FIN DEL MENSAJE

* * *

Confieso que no he podido corroborar la autenticidad del documento y únicamente lo doy a conocer porque me parece que está muy de acuerdo con lo que en realidad está ocurriendo en nuestro planeta. La noticia que tengo es que este manifiesto fue recibido por una persona de 45 años, piloto militar, máster en Economía y Control Aéreo. Lo recibió el año 2003 cerca de su domicilio y fue precedido durante más de veinticinco minutos por un «festival aéreo de luces» hasta que una enorme nave triangular efectuó una proyección sobre su persona, facilitando el contacto.

El contactado ha tenido varias experiencias de tipo físico con seres extrahumanos y es autor de varios escritos sobre la naturaleza tridimensional del tiempo. Repito que no he podido corroborar ninguno de estos hechos.

A continuación transcribo un comunicado de los «malos». Admito que tanto este como el anterior pueden ser solo parte de la gran manipulación a la que los humanos hemos estado siempre sometidos y muy especialmente desde hace unos sesenta o setenta años por parte de las grandes autoridades mundiales totalmente corruptas. Todo sería parte del gran juego que los dioses tienen con los humanos y que tan bien conocían griegos y romanos. La fuerza de estos documentos está en su contenido.

En cuanto al documento que transcribiré a continuación, parece que alguien lo filtró o interceptó una comunicación de las recónditas inteligencias que dominan el mundo, que son una mezcla de suprahumanos, de híbridos y de un reducido grupo de humanos de gran poder que están colaborando con ellos y que desde las sombras manipulan a los fantoches que aparecen todos los días en los periódicos al frente de las grandes naciones. De ellos se hablaba en el manifiesto anterior.

De nuevo encontramos en este documento la misma extraña sintaxis de otros documentos supuestamente «extraterrestres», aunque puede que a ello haya contribuido una traducción muy deficiente, ya que no hemos conocido el texto original.

No deja de extrañarnos que este escrito tenga muchos puntos de contacto con los tan controvertidos *Protocolos de los Sabios de Sión,* que, aunque escritos hace más de un siglo, lo cierto es que lo que en ellos se dice se ha venido cumpliendo en gran manera en los últimos cien años.

He aquí el texto, que, según parece, data del año 2002 y fue recibido como un correo electrónico anónimo por una organización que se dedica a defender los derechos civiles en Estados Unidos y que, por lo tanto, hay que recibir con la cautela con la que hay que tomar todo lo procedente de internet.

Los dos primeros párrafos parece que van dirigidos a sus testaferros humanos-reptilianos.

* * *

MANIFIESTO 2
EL CONVENIO SECRETO

Será una ilusión muy grande y ninguna opinión irá más allá. Pensarán, los que puedan verlo, que es maligno. **Crearemos frentes separados para evitar que vean la conexión entre nosotros.** Nos comportaremos como si no estuviéramos conectados con la realidad de esta viva ilusión. *(Como si no tuviésemos nada que ver con todos los cambios).* Nuestra meta será lograda gota a gota para no traer la suspicacia sobre nosotros mismos. Esto también evitará que vean los cambios cuando se sucedan.

Estaremos siempre sobre lo que ellos *(el pueblo)* perciban y nosotros mantendremos el más absoluto secreto. Tenemos que trabajar siempre juntos y **seguiremos unidos por lazos secretos de sangre** *(¿es una referencia a lo que dijimos en las páginas 139 y 140 de las «líneas de sangre» dejadas por los elohim y los dioses sumerios?).* La muerte le vendrá a aquel que hable.

Mantendremos cortocircuitada su esperanza de vida. *(Los patriarcas antediluvianos de que nos habla el Génesis, y los dioses y personajes de los que hablan las tablillas mesopotámicas, vivían cientos de años. En ellas se habla también de la voluntad de los dioses de acortar la vida de los humanos. Este párrafo es una confirmación tanto de la Biblia como de las tablillas de Ebla y Ugarit).* Debilitaremos sus pobres mentes mientras piensan que hacen lo contrario. Utilizaremos nuestro conocimiento de las ciencias y de las tecnologías contra ellos de sutil manera, así que nunca verán lo que está sucediendo. Utilizaremos los metales suaves, los aceleradores del envejecimiento y los sedantes en sus alimentos y agua, así como también en el aire. Serán cubiertos por los venenos por todas partes en torno a ellos. *(Usa la palabra «venenos» en un sentido muy amplio, tanto físico como psicológico).* Los metales suaves harán que pierdan sus mentes. Les prometeremos encontrar una curación para sus muchos achaques y como respuesta a sus males, pero les alimentaremos con más veneno. Los venenos serán absorbidos a través de su piel y de sus bocas, con lo que serán destruidas sus mentes y sistemas de reproducción. *(Leyendo estas frases vienen a nuestra mente las continuas denuncias contra los* chemtrails, *a las que las autoridades no acaban de dar nunca una explicación aceptable).* Con todo ello sus niños nacerán ya envenenados y ocultaremos esta información. Los venenos estarán ocultos en todo aquello que los rodee; en lo que beben, comen, respiran y usan. Debemos ser ingeniosos en dispensar los venenos para que ellos no puedan apreciarlos. Les enseñaremos con imágenes divertidas y alegres melodías que los venenos son buenos. Y las que admiren más, las utilizaremos para consolidar nuestros venenos.

Verán que nuestros productos son utilizados en películas y crecerán acostumbrados a ellos y nunca sabrán su efecto verdadero. Cuando den a luz, inyectaremos los venenos en la sangre de sus niños y los convenceremos de que es por su bien. Comenzaremos desde su infancia; cuando sus mentes son aún jóvenes nosotros envenenaremos a sus niños con aquello que los niños aman, las cosas dulces. Cuando lleguen sus caries nosotros los llenaremos de los metales que matan sus mentes y destruyen su futuro. Cuando se afecte su capacidad de aprender, crearemos la medicina que los hará más enfermos y causará otras enfermedades para las cuales les daremos más medicinas. Les haremos dóciles y débiles ante nosotros y ante nuestro poder. **Crecerán estresados, lentos y obesos** y cuando vengan ante nosotros para pedir ayuda les daremos más veneno.

(En estas frases hay dos consideraciones que hacer. Por un lado tenemos la realidad de la mayor longevidad que las naciones avanzadas han alcanzado en los últimos tiempos debido al esfuerzo humano, a pesar de las estrategias de los «reptilianos», pero por otra tenemos la innegable plaga de la obesidad, sobre todo entre los niños, que entre las mismas naciones avanzadas se ha extendido en los últimos veinte años como una pandemia. Productos como el MSG —MonoSodio Glutamate—, camuflado también bajo los nombres de «proteína vegetal hidrolizada», «Aginomoto», «Accent», «ablandador natural de la carne», etc., se hallan presentes en la mayoría de los alimentos —sobre todo en los precocinados— que encontramos en los supermercados. Está probado por estudios hechos en unas diez universidades de todo el mundo que el MSG es un agente directo de la obesidad, y de hecho es el producto que se usa para engordar artificialmente a las ratas de laboratorio. Los autores de estos estudios han comunicado repetidamente este hecho a las altas autoridades políticas al frente de la sanidad, que tienen el control de las medicinas y alimentos, pero, presionadas por los multimillonarios lobbies de la alimentación —en su mayor parte en manos de «la Hermandad»—, no han querido hacer nada. El que quiera ahondar más sobre este tema puede leer el libro de John E. Erb y T. Michelle Erb The Slow Poisoning of America *—el lento envenenamiento de Norteamérica—).*

Enfocaremos su atención hacia el dios del dinero y de lo material y de este modo muy pocos conectarán con su

ser interior. Los distraeremos con la fornicación *(es indudable la explosión que todo tipo de sexualidad ha tenido en los últimos años en nuestra cultura, sobre todo en la televisión)*, placeres externos y **juegos** *(las videoconsolas están aprisionando las mentes de millones de personas y en especial de jóvenes y niños)* de tal manera que nunca serán plenas sus vidas. Sus mentes nos pertenecen y harán todo aquello que les digamos; y si rechazan nuestras sugerencias encontraremos maneras de alterar sus mentes para que nos obedezcan toda su vida. Para tal fin utilizaremos nuestra tecnología y el miedo como mejores armas, ya que **el valor de ellos nos debilita y en cambio su miedo nos hace más fuertes** frente a ellos. Estableceremos sus gobiernos y estableceremos enemigos dentro de ellos. Poseeremos ambos lados. Ocultaremos nuestro objetivo, pero siempre trabajaremos en nuestro plan. Trabajarán para nosotros y prosperaremos gracias a su trabajo.

Nuestras familias nunca se mezclarán con las suyas. Nuestra sangre debe ser pura siempre porque ha de ser de esa única manera. Cuando nos satisfaga, haremos matanzas entre ellos. **Los mantendremos separados por el dogma y la religión.** Controlaremos todos los aspectos de sus vidas y les diremos qué pensar y cómo. Los dirigiremos amable y sutilmente dejándoles pensar que no están siendo dirigidos. Fomentaremos animosidad entre ellos con nuestras facciones. Cuando alguno de ellos brille con luz propia, la extinguiremos con el descrédito del ridículo o la muerte, o con cualquiera de las medidas que estimemos oportunas. Haremos que se dividan y odien tanto entre ellos que **serán capaces de matar a sus propios niños.** *(Más de treinta millones de niños asesinados cada año en el vientre de sus madres por las leyes del aborto)*. Lograremos nuestros fines usando el odio como nuestro aliado y la cólera como nuestro amigo. El odio los cegará totalmente y nunca se cuestionarán sus constantes disputas. Estarán ocupados en sus matanzas. Se bañarán en su propia sangre y matarán a sus vecinos mientras nosotros les observamos.

Nos beneficiaremos grandemente de esto porque no nos verán, porque no pueden vernos. Continuaremos prosperando en sus guerras y por sus muertes. Repetiremos esto constantemente hasta que se logre nuestra última meta. Continuaremos haciéndolos vivir en el miedo y la inseguridad con las imágenes y sonidos de cólera. Utilizaremos todas las herramientas que tenemos para conseguir esto. Las herramientas serán proporcionadas por su trabajo. Les haremos odiar a sus vecinos y sus vecinos a ellos.

Utilizaremos a muchos de [entre] ellos para reprimirlos *(a los que se rebelen)* y a aquellos los sugestionaremos con la idea de que están haciendo lo correcto. En nombre de la paz haremos la guerra, en nombre de la libertad los reprimiremos y en nombre de la justicia los destruiremos.

Ocultaremos siempre la verdad divina de la que ellos proceden, y quiénes somos. ¡Eso nunca lo deben saber! Nunca deben saber que su color es una ilusión; ellos siempre deben pensar que no son iguales *(a nosotros)*.

Y mientras tanto, gota a gota avanzaremos hacia nuestra meta final. Asumiremos el control de su Tierra, recursos y abundancia para ejercitar el control total sobre ellos. Los engañaremos y **aceptarán las leyes que robarán la poca libertad que les quede. Estableceremos un control del dinero que los encarcelará para siempre, manteniéndolos a ellos y a sus hijos en deuda constante con nosotros.** *(Tremenda profecía del estado de la economía mundial).*

En cuanto a aquellos que nos perciban, los acusaremos de crímenes y presentaremos diversas historias al mundo para justificar su castigo, lo cual será fácil, pues **nosotros poseeremos todos los medios**. *(Los grandes medios de comunicación mundiales, y muy especialmente las agencias internacionales de noticias, hace tiempo que están en manos de miembros de «la Familia»).* Utilizaremos nuestra tecnología para **controlar la información que les llegue** y modificaremos sus sentimientos a favor nuestro. Cuando algunos levanten su voz contra nosotros los machacaremos como insectos, porque son menos que eso. Estarán desamparados frente a nosotros, pues no tienen ningún arma para defenderse.

Reclutaremos a algunos de ellos para realizar nuestros planes y les prometeremos vida eterna, pero nunca tendrán la vida eterna, pues ellos no son como nosotros. *(Los humanos, a estos)* les llamarán «iniciados» y los reclutas *(los reclutados)* serán adoctrinados para creer en falsos ritos que les darán paso a ficticios reinos más altos. Los miembros de estos grupos pensarán que son como nosotros, pero nunca alcanzarán a conocer la verdad. Nunca deben aprender cuál es la verdad, pues eso les enfrentaría contra nosotros. Por su trabajo les recompensaremos con cosas terrenales así como con grandes títulos, pero nunca tendremos la voluntad de hacerlos inmortales y el deseo de unirlos *a nosotros*. Nunca dejaremos que perciban la luz y que viajen a las estrellas. Nunca alcanzarán los reinos más altos porque la matanza de su propia clase prevendrá el paso al reino de la luz.

Ellos jamás sabrán. La verdad será ocultada con su propia cara, así que aquellos que se acerquen a la luz pensarán que están muy lejos de la misma. ¡Oh sí! ¡Qué magnífica ilusión de libertad les haremos sentir! Será tan grande que jamás sabrán que son nuestros esclavos.

Cuando todo esté en su sitio, la [falsa] realidad que habremos creado para ellos los poseerá. Esta realidad será su prisión. Vivirán en el autoengaño. Cuando logremos nuestra meta, **una nueva era de la dominación** comenzará. Sus mentes serán limitadas por sus creencias, **unas creencias que nosotros hemos establecido a partir de un tiempo inmemorial.**

Pero si descubren que son nuestros iguales, nosotros entonces desapareceremos. ESO ES LO QUE NUNCA DEBEN SABER. *[Con mayúsculas en el original].* Si descubren que juntos pueden vencernos, pasarán a la acción. Jamás deben ver qué es lo que les estamos haciendo, porque si lo llegan a ver no tendremos ningún sitio donde escondernos, ya que les será muy fácil ver quiénes somos una vez el velo caiga. Nuestras acciones habrán revelado quiénes somos, nos buscarán para eliminarnos y nadie nos dará cobijo.

Este es el convenio al lado del cual viviremos el resto de nuestras presentes y futuras vidas, porque esa realidad sobrevivirá a muchas generaciones y vidas. **Este convenio está sellado con la sangre, nuestra sangre.**

Nosotros, los que del cielo a la tierra vinimos. *(Esta misma frase aparece ya repetidamente en las tablillas de los textos sumerios).* Este convenio es al que nos debemos y será por siempre hasta el fin de nuestra existencia. Nunca hablaremos fuera de entre nosotros de ello. Si nos descubren, el CREADOR caerá sobre nosotros y nos echará a las profundidades de donde vinimos y permaneceremos allí hasta la época del infinito, hasta el final. *(Las creencias gnósticas en un demiurgo malo tienen aquí perfecta cabida).*

FIN DEL MENSAJE

APÉNDICE 1

Como un antecedente del «Convenio Secreto» de las páginas precedentes, no me resisto a poner aquí la oración fúnebre que el rabí Reichhorn pronunció en Praga el año 1869 ante un auditorio muy exclusivo, a la muerte del gran rabí Simeón-Ben-Ihuda. Los Protocolos aparecieron treinta y nueve años más tarde de esta oración fúnebre, pero estos tres documentos independientes demuestran que estas ideas estaban ya presentes y eran parte de la más que maquiavélica estrategia de ciertas misteriosas inteligencias. He aquí su texto completo:

> Cada cien años nosotros, los Sabios de Israel, nos reunimos en sanedrín para verificar cómo va avanzando nuestra estrategia para el dominio del mundo tal como Jehová nos prometió, y cómo está la lucha contra nuestro enemigo el cristianismo.

Este año [1869] reunidos en torno a la tumba de nuestro hermano Simeón-Ben-Ihuda, podemos afirmar con orgullo que el pasado siglo nos ha acercado mucho a nuestra meta y que esta será pronto conseguida.

El oro ha sido, y siempre lo será, un irresistible poder. Tratado con manos expertas, será siempre la palanca más útil para los que lo posean y un objeto de envidia para los que no lo tengan. Con oro se pueden comprar las conciencias más rebeldes, se puede fijar el precio de todos los valores y de todos los productos, se pueden hacer todos los préstamos a los Estados y de esta manera controlarlos.

Los bancos principales y las bolsas de todo el mundo están ya en nuestras manos.

El otro gran poder es **la prensa**. Repitiendo continuamente ciertas ideas, la prensa acaba convenciendo a la gente de que esas ideas son reales. El teatro también tiene un poder parecido. Y el teatro y la prensa obedecen en todas partes nuestras órdenes.

Alabando constantemente a la **democracia** dividiremos a los cristianos en partidos políticos, destruiremos la unidad de sus naciones y sembraremos la discordia por todas partes. Reducidos a la impotencia, no tendrán más remedio que rendirse ante la ley de nuestros bancos, que estarán siempre al servicio de nuestra causa.

Valiéndonos de su orgullo y de su estupidez, forzaremos a los cristianos a que hagan guerras. Se masacrarán unos a otros y nos dejarán libre el campo para que podamos colocar bien a nuestra gente.

La posesión de la tierra siempre ha traído influencia y poder. En nombre de la justicia social y de la igualdad, dividiremos los grandes territorios y fincas y las repartiremos entre los campesinos que las desean y que pronto estarán en deuda con nosotros por los préstamos que necesitarán para su cultivo. Nuestro capital nos convertirá en sus dueños y nosotros seremos los verdaderos propietarios. La propiedad de las tierras nos asegurará el poder.

Cambiaremos la circulación del oro por la del papel moneda. Nuestros cheques sustituirán al oro y nosotros regularemos el valor del papel.

Hay entre nosotros excelentes oradores [políticos] que son capaces de fingir entusiasmo y de persuadir a las masas. Los distribuiremos entre el pueblo para que les anuncien cambios muy beneficiosos para la raza humana. Mediante el oro y las alabanzas o el engaño nos ganaremos al proletariado y él se encargará de aniquilar al capitalismo cristiano. A los trabajadores les prometeremos salarios con los que ellos nunca han soñado, pero al mismo tiempo subiremos el precio de las mercancías de modo que nuestras ganancias serán aún mayores.

De esta manera iremos haciendo que los propios cristianos sean los que hagan Revoluciones de las cuales nosotros nos aprovecharemos.

Con nuestras burlas y nuestros ataques haremos a sus sacerdotes ridículos y odiosos y a su religión tan odiosa y ridícula como a sus sacerdotes. Seremos los dueños de sus conciencias. La fidelidad a nuestra religión y a nuestro culto probará la superioridad de nuestras creencias.

Tenemos colocados a nuestros hombres en todas las posiciones importantes. Los cristianos tienen a nuestros abogados y médicos entre sus filas. Los abogados están al corriente de nuestros intereses y los médicos de familia se convierten en confesores y directores de conciencia.

Pero sobre todo tenemos que monopolizar la **educación**. Con este medio podemos extender ideas que nos son muy útiles y manipular las mentes de los niños como nos convenga.

Si por desgracia, alguno de los nuestros cae en manos de la justicia de los cristianos, tenemos que ayudarlo enseguida. Tenemos que encontrar cuantos testigos hagan falta para liberarlo de sus jueces y convertirnos nosotros en jueces.

Los monarcas del mundo cristiano, inflados con la ambición y la vanidad, se rodean de lujos y de ejércitos. Les suministraremos todo el dinero que su ambición necesite y así los tendremos dominados.

No impediremos el matrimonio de nuestros hombres con mujeres cristianas porque a través de ellas lograremos introducirnos en sus círculos más cerrados. Y si nuestras hijas se casan con cristianos, no serán menos útiles, porque los hijos de madre judía son judíos. Propugnemos la idea del amor libre para destruir así el apego de las mujeres cristianas a los principios y prácticas de su religión.

Durante siglos, los hijos de Israel, despreciados y perseguidos, han estado trabajando para abrirse paso hacia el poder. Estamos llegando a nuestra meta. Controlamos la economía de los malditos *goyim*. Nuestra influencia es mayor que la de los políticos y la de las formas externas.

En el tiempo prefijado, haremos que estalle la Revolución que va a arruinar a todo el mundo cristiano y definitivamente lo hará esclavo nuestro. Con ello se cumplirá la promesa que Dios le hizo a su pueblo.

En torno a este documento hay dos circunstancias dignas de notarse y que han sido una constante entre los *whistleblowers* de la ovnilogía.

Como dijimos, la oración fúnebre fue pronunciada por el rabí Reichhorn, pero un periodista llamado Readcliffe, amigo de varios miembros de la colonia judía, logró que un tal Sonol lo invitase al acto, y cumpliendo con su profesión, publicó en la revista *La Russie Juive* (la Rusia judía) lo que allí se dijo. Al poco tiempo fue asesinado. El ingenuo Sonol, por haber cometido el pecado de invitar a un cristiano a un acto tan íntimo, también tuvo al poco tiempo una muerte extraña.

Esta oración fúnebre permaneció en el olvido durante muchos años hasta que el 10 de marzo de 1921 la revista *Le Journal de la Vieille France* (el diario de la vieja Francia) la publicó íntegramente.

Le recordaré al lector la diferencia que hay entre los judíos sinceramente creyentes en su religión y los judíos (mezclados con otros supermillonarios no judíos) que pertenecen a la diabólica «Hermandad» o «Familia», que no creen en absoluto en las promesas de Yahvé y cuyo objetivo es el dominio del mundo a través de un Nuevo Orden Mundial.

Tanto esta «Oración Fúnebre» como el «Convenio Secreto» y *Los Protocolos de los Sabios de Sión* retratan lo que los ovnílogos de avanzada llaman mentalidad reptiliana y los eclesiásticos, satánica. Al mezclar en ellos aspectos conocidos de la religión judía con sus maquiavélicas estrategias, convierten a todos los judíos y al judaísmo en un chivo expiatorio y hacen que la gente no caiga en la cuenta de quién es el que está detrás de esta estratagema antihumana.

Confieso que en todos estos documentos hay cosas chocantes. Y me asalta la duda de que puedan pertenecer a la vieja estrategia para que vivamos atemorizados. Dejo que el lector saque sus propias conclusiones, **pero le recuerdo que muchas de las lamentables situaciones que se narran en estos escritos estaban ya escritas hace más de un siglo y son una realidad actual, reciente y creciente, y no son fruto de ninguna paranoia.**

APÉNDICE 2

El siguiente documento es una carta que Albert Pike, alto dirigente de la masonería norteamericana, escribió en 1871 a Giuseppe Mazzini, cabeza de los Illuminati de Europa. Según Pike, la carta le fue dictada por sus «espíritus guías»; y al igual que en el anterior apéndice, es admirable que con tanto tiempo de anticipación se hayan descrito tan exactamente las circunstancias que rodearon a las dos primeras guerras mundiales. Las premoniciones que da sobre la Tercera Guerra Mundial son por desgracia muy acertadas si nos atenemos a lo que estamos leyendo en la prensa estos mismos días.

En la carta se ve claramente la mano de las inteligencias suprahumanas de las que hemos hablado en estas páginas. He aquí el texto de la carta de Albert Pike:

La Primera Guerra Mundial debe producirse para permitir a los Illuminati derrocar el poder de los zares de

Rusia y hacer de ese país una fortaleza de ateísmo comunista. Las divergencias causadas por los agentes de los Illuminati entre los imperios británico y alemán se usarán para fomentar esta guerra. Al final de la guerra, el comunismo se erigirá y usará para destruir a otros gobiernos y para debilitar a las religiones.

La Segunda Guerra Mundial debe fomentarse aprovechándose de las diferencias entre Europa y los sionistas políticos. Esta guerra debe fomentarse para que Europa sea destruida y el sionismo político sea suficientemente fuerte para crear un estado soberano de Israel en Palestina. Durante la Segunda Guerra Mundial, el comunismo internacional debe hacerse suficientemente fuerte para contrarrestar a la cristiandad, que entonces será constreñida y controlada hasta el tiempo que la necesitemos para el cataclismo social final.

La Tercera Guerra Mundial se fomentará aprovechando las diferencias causadas por los agentes de los Illuminati entre los sionistas políticos y los líderes del mundo islámico. La guerra debe conducirse de un modo en que el islam (el mundo árabe musulmán) y el sionismo político (el estado de Israel) se destruyan mutuamente. Mientras tanto, las otras naciones, una vez más divididas sobre este asunto, se verán obligadas a luchar hasta el punto de la completa extenuación física, moral, espiritual y económica... Desataremos a los nihilistas y a los ateístas, y provocaremos un cataclismo social formidable que en todo su horror mostrará claramente a las naciones el efecto del ateísmo absoluto, origen de la crueldad y de los disturbios más sangrientos. Entonces, en todas partes, los ciudadanos, obligados a defenderse contra la minoría mundial de revolucionarios, exterminarán a esos destructores de la civilización, y la multitud, desilusionada con la cristiandad, cuyos espíritus teísticos estarán desde ese momento sin brújula ni dirección, ansiosos por un ideal, pero sin saber dónde dirigir su adoración, recibirá la verdadera luz a través de la manifestación universal de la doctrina pura de Lucifer, sacada finalmente a la vista pública. Esta manifestación resultará a partir del movimiento reaccionario general que seguirá a la destrucción de la cristiandad y el ateísmo, ambos conquistados y exterminados al mismo tiempo.

Estos comentarios finales sintetizan de una manera meridiana el auténtico espíritu satánico que hay detrás de todo el malestar y desasosiego en que se encuentra la humanidad en estos momentos.

APÉNDICE 3

Artículo del autor aparecido en el periódico *on line Periodista Digital*, en su blog «El Rincón del Soneto».

LOS MERCADOS

Los siervos de Mammon nos vuelven locos todos los días con los mercados. Que si se retraen, que si no invierten, que si sube la prima de riesgo o si bajan las subprime, o si apestan los bonos basura. Total, escatología crematística en plena fermentación.

Los banqueros, financieros y economistas siguen ciegamente lo que aprendieron en la universidad y la verdad es que están los pobres más perdidos que un topo en la ópera. El caos financiero de la actualidad sigue unas normas que no se enseñan en las universidades, aunque hace muchos años que están escritas. El caos financiero obedece a una estrategia que está por encima del materialismo ciego, crudo y rastrero que practican los adoradores del becerro de oro. El caos financiero tiene otras causas y otros fines que los que dicen los manuales. Estas causas y estos fines son tan extraños y tan diferentes de la grosera materialidad y codicia de los financieros que cuando se les dice la realidad se niegan rotundamente a admitirla.

¿Qué es lo que se esconde detrás de eso que se llama «mercados»? Dejándonos de rodeos, lo que se esconde es una ingente cantidad de dinero en poder de alrededor de un centenar de individuos que se parapetan detrás de firmas, compañías, *trusts*, familias y sociedades comerciales y financieras. Y al decir ingente cantidad de dinero me estoy refiriendo a mares de dinero, a cifras superiores a los PIB de la mayoría de los países y por lo tanto capaces de hacer tambalear la economía de la mayoría de las naciones del mundo, como de hecho ha sucedido ya en repetidas ocasiones y vemos que está ocurriendo en la actualidad de una manera más descarada.

Esta ingente cantidad de dinero se viene almacenando desde hace un siglo y para ello se han usado las estratagemas diseñadas entre finales del siglo XIX y principios del XX. Los que controlan este mar de dinero, sin dejar de estar atentos a sus intereses, han permitido que a lo largo de todos estos años los economistas y financieros se diviertan jugando a diario en las bolsas su monipodio, acumulando sus pequeñas ganancias. Pero cada cierto tiempo ellos han dado un golpe en la mesa para decirles a los políticos quién es el que manda. Y en la actualidad, ante la confusión general, permiten con una sonrisa de lástima que los expertos financieros monten cada mañana el consabido guirigay sobre los mercados y discutan acaloradamente en todas las televisiones del mundo si el Ibex va o viene o si algún inversor ha logrado por fin preñar a la prima de riesgo.

Esos señores que están detrás de los «mercados» son los dueños de las multinacionales dedicadas a la fabricación de armas, medicinas, industria petrolera y grupo selectísimo de bancos y *trusts* financieros. A estas cuatro macroindustrias y actividades (propiedad de un reducido número de familias) hay que añadir el control de las drogas a nivel mundial, que aunque la masa ingenua no acabe de creerlo, está por completo en manos de estas mismas honorabilísimas familias. Familias que a su vez están representadas en los gobiernos más poderosos del planeta.

Por años, mientras se gestaba este estado de cosas, los dueños de los mercados han dejado hacer, pero últimamente les ha entrado prisa por culminar la faena. Y ¿qué es lo que quieren? Quieren ni más ni menos que dominar el mundo. Quieren que las autoridades nacionales vayan desapareciendo y cediendo todo su poder en manos de un gobierno central. La creación de la ONU hace años, la moneda única europea, los diversos tratados de libre comercio, la quiebra de unos cuantos estados en la actualidad son pasos que se han ido dando en esa dirección.

Y ¿por qué los multimillonarios dueños de estas industrias tienen la osadía de querer dominar el mundo? Pues porque estos señores —cuyos apellidos son de todos conocidos— pertenecen a una especie de hombres envenenados, y más que envenenados, esclavizados. Tienen una mente esclavizada, poseída, y sin embargo se sienten superiores a las masas y las desprecian. Y en este punto es donde mi manera de enfocar el problema de los mercados se aparta radicalmente de la algarabía de los «expertos» que cada día parlotean acaloradamente de por qué la prima no acaba de dar a luz y de por qué las bolsas dan tan mal olor. Los dignísimos banqueros, políticos e industriales siguen buscando causas completamente materiales y humanas mientras que yo hago intervenir a otras fuerzas ya no tan materiales y terrenas. Los personajes a los que nos estamos refiriendo, consciente o inconscientemente obedecen órdenes de otros personajes más tenebrosos que ya no gustan de mostrarse en público y que hasta lo rehúyen totalmente. Y tienen muchas razones para ello.

El dominio del mundo no es la única intención de este contubernio. La drástica reducción de los habitantes del planeta es otra de sus metas. En el mundo entero lo están logrando mediante la aprobación de la ley del aborto y en África se han valido del hambre, del sida y de otras enfermedades que muy fácilmente podrían ser evitadas. Es cierto que el número de humanos sigue creciendo, pero la proporción de nacimientos por habitante está comenzando a decrecer rápidamente. En pocos años Europa apenas tendrá población autóctona.

Estos individuos esquivos, que no se dejan ver y que se esconden tras la necia palabra «mercados», son los verdaderos dueños del mundo, pero lo tremendo es que no solo poseen las haciendas de los pueblos sino que poco a poco se han ido haciendo los dueños de sus inteligencias, de sus conciencias y de sus almas.

Pero este es otro tema que merece ser tratado con más calma y del que no quieren oír hablar los «expertos».